BIS BALD 1

回见

课本 Kursbuch

编者

王静 赵静 万宁

Autorenteam

Jing Wang Jing Zhao Ning Wan

Der Verlag achtet bei seinen Büchern und Magazinen auf nachhaltiges Produzieren. SONATA Book Bücher sind umweltfreundlich produziert und orientieren sich in Materialien, Herstellungsorten, Arbeitsbedinungen und Produktionsformen an den Bedürfnissen von Gesellschaft und Umwelt.

Der Verlag und seine Autoren sind für Hinweise oder Meinungen dankbar. Bitte wenden Sie sich diesbezüglich an office@sonatabook.at.

Soldanellenweg 55/13/2 · A-1220 Wien
E-Mail: office@sonatabook.at

www.sonatabook.at

Sonata BOOK
Spezialist für Literatur aus China

Umschlaggestaltung, Layout und Satz: Chen Wang

Printed in the European Union

ISBN: 978-3-9505310-0-8

2. Auflage 2025

Vorwort

Chinesisch ist nicht so schwer, wie es sich viele vorstellen. Weltweit steigt die Zahl derer, die Chinesisch lernen, rasant an. Die Grammatik ist im Vergleich zu vielen europäischen Sprachen ziemlich einfach. Die Aussprache, besonders die „vier Töne“, in welchen die einzelnen Silben artikuliert werden können, bedarf eines genaueren Trainings. Und die Schriftzeichen? Zugegeben, die schrecken vielleicht anfangs in ihrer Vielzahl und graphischen Form ab. Aber darin liegt ja gerade eine der Faszinationen des Chinesischen.

Das vorliegende Lehrbuch führt mit einfachen Alltagsdialogen gleich in die Welt der chinesischen Schriftzeichen ein. Unter den neuen Schriftzeichen befindet sich die offizielle Lautumschrift mittels Lateinbuchstaben, wobei die Schriftzeichen hervorgehoben werden, so dass sich die Lernenden von Anfang an auf die Schriftzeichen konzentrieren können und weniger auf das Pinyin angewiesen sind. Wort-für-Wort-Erklärungen helfen den Lernenden, die Satzstruktur im Chinesischen besser zu verstehen.

In kleinen Einheiten wird Grammatik vermittelt, und jede Lektion enthält auch zusätzliche Vokabel, so dass die vorgegebenen Texte als Ausgangsbasis verwendet werden können, um weitere Sätze oder Texte, die nicht nur aus Dialogen bestehen, zu bilden. Als Ergänzung zu den Sprachübungen dienen kultur- und landeskundliche Erklärungen in deutscher Sprache.

Das Lehrbuch wendet sich an alle, die die chinesische Sprache erlernen möchten. Die Konzeption basiert auf den Anforderungen des neuen „Chinese Proficiency Test“ (HSK-Prüfung) und des „Gemeinsamen Europäischen Referenzrahmens für Sprachen“, erfolgte aber besonders in Hinblick auf Chinesischunterricht als dritte bzw. zweite Fremdsprache im Sekundarbereich im deutschsprachigen Raum.

Das AutorInnen-Team, wiewohl seit Jahrzehnten im Chinesischunterricht erfahren und engagiert, ist für Rückmeldungen und Anregungen dankbar. Die VerfasserInnen bedanken sich bei Prof. Richard Trappl, Universität Wien, für die wertvollen Ratschläge, bei Frau Mag. Lisa Meingassner für die sorgfältigen Korrekturen, bei Herrn Guoyi Wang für die zur Verfügung gestellten Fotos und bei Frau Chen Wang für die grafische Gestaltung.

Wir wünschen viel Erfolg und Freude beim Erlernen wie beim Lehren dieser faszinierenden Sprache!

MP3-Dateien für Dialoge und Texte in diesem Buch könnenn Sie per Einscannen dieser QR-Code runterladen:

前言

汉语并不像很多人想象的那么高不可攀。当今世界范围内，学习汉语的人数迅速增加。与许多欧洲语言相比，汉语的语法相对简单，但发音因为“四声”的存在，尤其需要较细致的训练。那汉字又如何呢？要承认的是，汉字因为数量众多，而且字形“不同寻常”，刚开始让很多人怯步。但也正是因为这“不同寻常”，才使汉语独具魅力。

本书借助日常生活中的简单对话引入汉字，突出汉字，弱化拼音，练习题只有在新出现的汉字才标注汉语拼音，让学习者从一开始就注重汉字，减少对拼音的依赖；词对词的解释帮助学习者更好领会汉语的句子结构。

语法解释循序渐进，而且每课包含额外的词汇，以便学习者利用现有的句子作为例子，练习更多的句子和段落。除了语言练习外，书中引入了中国文化和国情介绍，使学习者能更好地理解课文内容， 更贴切、自如地运用学到的语言。

本书适用于多数对汉语感兴趣的学习者，在设计中参考了新版《汉语水平考试大纲》，以及《欧洲语言共同参考框架》，尤其适用于德语区中学汉语作为第二或第三外语的教学。

本书作者均从事汉语教学多年，希望本书能向读者提供一本更完善、更实用、更符合时代要求的教材。在此谨向所有对本书编写提供过支持和帮助的人士表示衷心感谢，尤其感谢维也纳大学汉学系Richard Trappl教授的宝贵建议，感谢Lisa Meingassner女士对德文内容的校译，感谢王国义先生提供的照片以及王晨女士对本书的精心设计和排版。祝各位学习者拥有更多的成功和喜悦，并竭诚欢迎读者提出宝贵意见。

本书对话和课文的音频文件MP3请扫码下载

目录

INHALTSVERZEICHNIS

INHALTSVERZEICHNIS

你好！ Guten Tag! 1

对话 [duìhuà] Dialog

王芳： Wáng Fāng	你好！ 我叫王芳。 Nǐ hǎo! Wǒ jiào Wáng Fāng.
李维： Lǐ Wéi	你好！ 我是李维。 Nǐ hǎo! Wǒ shì Lǐ Wéi.
老师： lǎoshī	你们 好！ Nǐmen hǎo!
王芳、李维： Wáng Fāng Lǐ Wéi	您好， 老师！ Nín hǎo, lǎoshī!
老师： lǎoshī	再见！ Zàijiàn!
王芳、李维： Wáng Fāng Lǐ Wéi	再见！ Zàijiàn!

2 对话 [duìhuà] Dialog

马 兰： Mǎ Lán	早上好！ 我叫马兰。 Zǎoshang hǎo! Wǒ jiào Mǎ Lán.
石大海： Shí Dàhǎi	马女士， 您好！ 我是石大海。 Mǎ nǚshì nín hǎo! Wǒ shì Shí Dàhǎi.
马 兰： Mǎ Lán	石先生， 您好！ Shí xiānsheng nín hǎo!
	很高兴认识您。 Hěn gāoxìng rènshi nín.
老 师： Lǎoshī	你们好！ Nǐmen hǎo!
马兰、石大海： Mǎ Lán Shí Dàhǎi	老师好！ Lǎoshī hǎo!

1 你好！ Guten Tag!

课文 [kèwén] Text

老师，	您好！	我是李维，	认识您很高兴。
Lǎoshī,	nín hǎo!	Wǒ shì Lǐ Wéi,	rènshi nín hěn gāoxìng
Lehrer	guten Tag	Ich bin Lǐ Wéi	kennen- Sie sehr froh lernen

生词 [shēngcí] Vokabeln:

你	nǐ	*(PPr)*	du/dich/dir
你好	nǐ hǎo		guten Tag
我	wǒ	*(PPr)*	ich/mich/mir
叫	jiào	*(V)*	heißen, rufen
是	shì	*(V)*	sein (bin/bist/ist/sind/seid)
们	men	*(Sfx)*	Pluralsuffix
你们	nǐmen	*(S)*	ihr/euch
您	nín	*(PPr)*	Sie/Ihnen, höfliche Anrede (Sgl)
老师	lǎoshī	*(S)*	Lehrer/Lehrerin
您好	nín hǎo		guten Tag (höfliche Form)
再见	zàijiàn	*(V)*	Auf Wiedersehen
早上	zǎoshang	*(S)*	Morgen, morgens
女士	nǚshì	*(S)*	Dame, Frau
先生	xiānsheng	*(S)*	Herr
很	hěn	*(Adv)*	sehr
高兴	gāoxìng	*(Adj)*	erfreut, gut gelaunt
认识	rènshi	*(V)*	j-n kennen(lernen)

语音 [yǔyīn] Die Aussprache

Pinyin wurde 1958 in der VR China als offizielle auf dem lateinischen Alphabet basierende Lautschrift für chinesische Schriftzeichen eingeführt. Diese phonetische Umschrift dient dazu, die Aussprache und den Ton des Zeichens im Hochchinesischen zu definieren.
Die chinesische phonetische Einheit besteht aus 3 Teilen: Anlaut, Auslaut und Ton, z.B. [mà]: [m] ist der Anlaut, [a] der Auslaut, und [ˋ] der Ton.

ANLAUTE		
	b p m f	d t n l
	g k h	j q x
	zh ch sh r	z c s

Auslaute

einfache Auslaute	a	o	e	i	u	ü
zusammengesetzte Auslaute	ai ao	ou ong	ei	ia ie iao iou = iu	ua uo uai uei = ui	üe
nasale Auslaute	an ang	ong	en eng	ian in iang ing iong	uan uen = un uang	üan ün

Besteht eine phonetische Einheit lediglich aus einem Auslaut und beginnt dieser Auslaut mit einem "i" oder einem "u", so wird das "i" durch ein "y" und das "u" durch ein "w" ersetzt.
ia → ya, uo → wo

Töne

Es gibt vier Töne:

1. erster Ton: gleich bleibender hoher Ton
2. zweiter Ton: steigender Ton
3. dritter Ton: zuerst fallender und dann steigender Ton
4. vierter Ton: fallender Ton

Ein veränderung des Tones verändert auch die Bedeutung.

5 4 3 2 1
erster Ton
zweiter Ton
dritter Ton
vierter Ton

Beispiel (mit Bildern):

绕口令:

妈妈骑马，马慢，妈妈骂马。
Māma qí mǎ mǎ màn māma mà mǎ
Mutter reitet Pferd, Pferd langsam, Mutter schimpft Pferd.

妞妞骑牛，牛拗，妞妞拧牛。
Niūniu qí niú niú niù niūniu nǐng niú
Magd reitet Kuh, Kuh stur, Magd zwickt Kuh.

Tonwechsel:
Wenn zwei Silben im dritten Ton aufeinander folgen, wird im Pinyin weiterhin der dritte Ton geschrieben, obwohl die erste Silbe im zweiten Ton gesprochen wird.
Beispiel: nǐ hǎo (geschrieben) → ní hǎo (gesprochen)

1 你好！ Guten Tag!

语法注解 [yǔfǎ zhùjiě] Grammatik

Höfliche Anrede 您 [nín]

您 ist eine höfliche Anrede, die großen Respekt ausdrückt. In China wird sie insbesondere älteren und in der Hierarchie höher stehenden Menschen gegenüber verwendet. In Nordchina reden Kinder häufig auch ihre Eltern mit 您 an. Insgesamt wird 您 aber weniger oft verwendet wie das Wort "Sie" im Deutschen.

Pluralsuffix 们 [men]

Dieses Suffix 们 steht hinter Personenbezeichnungen oder Personalpronomen und bildet mit diesen den Plural. Es wird nicht gebraucht, wenn davor eine Zahl oder eine unbestimmte Mengenangabe steht (z.B.: 很多学生, und nicht 很多学生们).

Grammatikalisches Geschlecht (Genus)

Im Chinesischen gibt es kein grammatikalisches Geschlecht (Genus).

例 lì Beispiel 老师 [lǎoshī] = Lehrer/Lehrerin

练习 [liànxí] Übung

1 拼音练习 [pīnyīn liànxí] – 四声 [sìshēng] – Übung mit den vier Tönen

nī	ní	nǐ	nì	你
shī	shí	shǐ	shì	识 是 士
hāo	háo	hǎo	hào	好
lāo	láo	lǎo	lào	老
gāo		gǎo	gào	高
zāo	záo	zǎo	zào	早
wō		wǒ	wò	我

bā	pū	cuī	fēi	dān	tuī	jiē	xīn
ní	gé	zhú	hóu	jué	qín	xué	shéi
lǚ	yě	kǎi	chǐ	hǎo	diǎn	sǎo	zěn
lèi	rèn	jiàn	mài	pèi	sòng	quàn	zhuì

2 读一读 [dú yi dú] – Lesen und Verstehen

你好　早上好　王女士好　你们好　你叫　我是

您好　晚上好　李先生好　老师好　我叫　再见

认识你很高兴　很高兴认识你

3 对话 [duìhuà] – Partnerübung

（1） A: 你好，Lisa。
B: 你好，高老师(Gāo lǎoshī)。
A: 王芳，早上好。
B: 早上好，李维。

晚上好：guten Abend

（2） A: 晚上好(Wǎnshang hǎo)，Anna。
B: 晚上好，David。

（3） A: 老师，您好，我叫Mark。
B: 你好，Mark。
A: 再见。
B: 再见。

你知道吗? [Nǐ zhīdào ma] Gewusst?

Chinesische Namen

Im Gegensatz zu westlichen Ländern stehen bei chinesischen Namen der Nachname vorne und der Vorname hinten. Die Kinder übernehmen in der Regel den Nachnamen des Vaters. Die Frauen ändern ihren Nachnamen nach der Hochzeit nicht, sondern behalten ihren eigenen Nachnamen.
Die chinesischen Nachnamen sind meistens einsilbig, wie z.B. 王 (Wáng), 赵 (Zhào). Es gibt aber auch Doppel- oder Mehrzeichennachnamen, wie z.B. 司徒 (Sītú), 欧阳 (Ōuyáng).
Die häufigsten vorkommenden Nachnamen sind 张 (Zhāng), 王 (Wáng), 李 (Lǐ) und 赵 (Zhào).
Die Vornamen bestehen meistens aus einem oder aus zwei Zeichen. Für Vornamen kann man beliebige Zeichen wählen. Normalerweise wählen Eltern für ihre Kinder einen Ausdruck der guten Wünsche und glückverheißender Bedeutungen für Vornamen. Die meisten Zeichen für Vornamen sind geschlechtsneutral. Daher kann aus dem Vornamen das Geschlecht nicht mit absoluter Sicherheit erkannt werden. Aber es gibt Zeichen, die typisch für weibliche Namen oder männliche Namen sind, Hier einige Beispiele:

typisch weibliche Namen:	美 měi	丽 lì	芳 fāng	珍 zhēn
typisch männliche Namen:	明 míng	海 hǎi	光 guāng	家 jiā

Im Vergleich zur westlichen Tradition, vermeiden Chinesen die Verwendung von denselben Vornamen, wie die Eltern oder die Großeltern. Aus Respekt sollten die älteren Generationen nicht mit Vornamen angesprochen werden. Im Familienkreis und unter engen Freunden nennt man sich beim Vornamen, es sei dann, der Vorname besteht nur aus einer Silbe.

Quiz: (die richtige Variante ankreuzen)

我叫叶雨文。

Mein Familiename ist

A. 叶 [yè] ( ) B. 雨 [yǔ] ( ) C. 文 [wén] ( )

2 你多大？ Wie alt bist du?

一	二	三	四	五	六	七	八	九	十
yī	èr	sān	sì	wǔ	liù	qī	bā	jiǔ	shí
1	2	3	4	5	6	7	8	9	10

对话 [duìhuà] Dialog

老师： 你叫什么名字？
lǎo shī Nǐ jiào shénme míngzi

李维： 我叫李维，我十五岁。
Lǐ Wéi Wǒ jiào Lǐ Wéi wǒ shíwǔ suì

老师： 王芳，你多大？
lǎo shī Wáng Fāng nǐ duō dà

王芳： 我今年十八岁。
Wáng Fāng Wǒ jīnnián shíbā suì

对话 [duìhuà] Dialog

小龙： 我是小龙，我十六岁。
Xiǎolóng Wǒ shì Xiǎolóng wǒ shíliù suì

你叫什么？
Nǐ jiào shénme

丽丽： 我叫丽丽，我十七岁。
Lìli Wǒ jiào Lìli wǒ shíqī suì

他多大？
Tā duō dà

小龙： 他一百岁。
Xiǎolóng Tā yì bǎi suì

课文 [kèwén] Text

我叫小龙，	今年	十六	岁。	她是安娜，	她	十八	岁。
Wǒ jiào Xiǎolóng	jīnnián	shíliù	suì	Tā shì Ānnà	tā	shíbā	suì
Ich heiße Xiaolong	Heuer	16	Jahre	Sie ist Anna	sie	18	Jahre

生词 [shēngcí] Vokabeln:

一	yī	*(Nu)*	eins
二	èr	*(Nu)*	zwei
三	sān	*(Nu)*	drei
四	sì	*(Nu)*	vier
五	wǔ	*(Nu)*	fünf
六	liù	*(Nu)*	sechs
七	qī	*(Nu)*	sieben
八	bā	*(Nu)*	acht
九	jiǔ	*(Nu)*	neun
十	shí	*(Nu)*	zehn
多大	duō dà		wie alt
什么	shénme	*(IPr)*	Was, welche
名字	míngzi	*(S)*	Name
岁	suì	*(ZEW)*	Jahre (Alter)
今年	jīnnián	*(S)*	dieses Jahr, heuer
他	tā	*(PPr)*	er/ihn/ihm
百	bǎi	*(Nu)*	hundert
她	tā	*(PPr)*	sie/ihr(Sgl)

语法注解 [yǔfǎ zhùjiě] Grammatik

疑问句的表达 [yíwènjù de biǎodá] – Fragesatz

Fragewort 什么 [shénme: was?]

Fragewörter stehen immer an der Stelle des Satzteils, nach dem gefragt wird.

例 lì Beispiel　　你叫什么名字？
　　　　　　　　我叫李维。

Fragewort 多 [duō: wie(viel)?]

Hinter dem Fragewort 多 stehen meistens Adjektive, wie z.B. 多大 [duō dà: wie alt] .

例 lì Beispiel　　他多大？
　　　　　　　　他十三岁。

数字 [shùzì] – Zahlen

1	2	3	4	5	6	7	8	9	10	
一 yī	二 èr	三 sān	四 sì	五 wǔ	六 liù	七 qī	八 bā	九 jiǔ	十 shí	10
十一	十二	十三	十四	十五	十六	十七	十八	十九	二十	20
二十一	二十二	二十三	二十四	二十五	二十六	二十七	二十八	二十九	三十	30
三十一	三十二	三十三	三十四	三十五	三十六	三十七	三十八	三十九	四十	40
四十一	四十二	四十三	四十四	四十五	四十六	四十七	四十八	四十九	五十	50
五十一	五十二	五十三	五十四	五十五	五十六	五十七	五十八	五十九	六十	60
六十一	六十二	六十三	六十四	六十五	六十六	六十七	六十八	六十九	七十	70
七十一	七十二	七十三	七十四	七十五	七十六	七十七	七十八	七十九	八十	80
八十一	八十二	八十三	八十四	八十五	八十六	八十七	八十八	八十九	九十	90
九十一	九十二	九十三	九十四	九十五	九十六	九十七	九十八	九十九	一百 yì bǎi	100

练习 [liànxí] Übung

1 拼音练习 [pīnyīn liànxí] – Übung mit Pinyin

b p m f d t n l a o e i u ü ai ei ui ao ou iu üe

	a	o	e	i	u	ü	ai	ei	ui	ao	ou	iu	üe
b	ba	bo		bi	bu		bai	bei		bao			
p	pa	po		pi	pu		pai	pei		pao	pou		
m	ma	mo	me	mi	mu		mai	mei		mao	mou	miu	
f	fa	fo			fu			fei			fou		
d	da		de	di	du		dai	dei	dui	dao	dou	diu	
t	ta		te	ti	tu		tai		tui	tao	tou		
n	na		ne	ni	nu	nü	nai	nei		nao	nou	niu	nüe
l	la		le	li	lu	lü	lai	lei		lao	lou	liu	lüe

2 拼音练习 [pīnyīn liànxí] – 四声 [sìshēng] – Übung mit den vier Tönen

bā bá bǎ bà ba
dā dá dǎ dà
tā tá tǎ tà
bāi bái bǎi bài

bā 八
dà 大
tā 他
bǎi 百

bāi báo běi biàn
mō méng mǐ miàn
fēng fáng fǒu fèi
tōu tiáo tuǎn tuì

pān pái pěng piàn
niū níng nǚ nèi
dōng dáo dǐng dùn
liāo líng liǎng lèi

3 读一读 [dú yi dú] – Lesen und Verstehen

名字	多大	四岁
什么名字	你多大	十四岁
你叫什么名字	你今年多大	一百一十四岁

4 读一读 [dú yi dú] – Lesen und Verstehen

A：早上好，你叫什么名字？
B：你好，我叫________。你叫什么名字
A：我叫________。你多大？
B：我________岁。你多大？
A：我________岁。再见
B：再见。

5 完成下列对话 [wánchéng xiàliè duìhuà] – Dialoge vervollständigen

A：你好，我叫马兰。
B：________，我________石大海。
A：马兰，你多大？
B：我________岁。________？
A：我二十五岁。再见。
B：________。

6 读一读 [dú yi dú]

一片 一片 又 一片，
Yí piàn yí piàn yòu yí piàn
1 Blatt 1 Blatt noch 1 Blatt

两 片 三 片 四 五 片，
liǎng piàn sān piàn sì wǔ piàn
2 Blätter 3 Blätter 4 5 Blätter

六 片 七 片 八 九 片，
liù piàn qī piàn bā jiǔ piàn
6 Blätter 7 Blätter 8 9 Blätter

落 入 水 中 看 不 见。
luò rù shuǐ zhōng kàn bú jiàn
fallen in Wasser hinein schauen nicht sehen

一 望 二三 里，烟村 四五 家，亭台 六七座，八九十枝 花。
Yí wàng èr sān lǐ yāncūn sì wǔ jiā tíngtái liù qī zuò bā jiǔ shí zhī huā
Einmal sehen 2 3 km Rauch Dorf 4 5 Familien Pavillons 6 7 (Stück) 8 9 10 (Stück) Blumen

汉字的构成 [hànzi de gòuchéng] Aufbau eines chinesischen Zeichens

Jedes chinesische Zeichen ist aus vorgegebenen Strichen zusammengesetzt, die immer auf dieselbe Weise, gezeichnet/geschrieben werden, in bestimmter Reihenfolge und in vordefinierter Position. Es gibt 6 Grundstriche: 一 [héng] , 丨 [shù] , 丿 [piě] , ㇏ [nà] , 丶 [diǎn] , ㇀ [tí] , und über 20 Kombinationsstriche daraus. Einige Beispiele:

点	diǎn	竖	shù
横	héng	竖钩	shùgōu
横钩	hénggōu	竖弯	shùwān
横撇	héngpiě	竖提	shùtí
横折	héngzhé	竖弯钩	shùwāngōu
横折钩	héngzhégōu	竖折	shùzhé
提	tí	竖折折钩	shùzhézhégōu
撇	piě	捺	nà
横折提	héngzhétí	弯钩	wāngōu
横折弯钩	héngzhéwāngōu	卧钩	wògōu
横折斜钩	héngzhéxiégōu	斜钩	xiégōu
横折折撇	héngzhézhépiě	撇点	piědiǎn
横折折折钩	héngzhézhézhégōu	撇提	piětí
横撇弯钩	héngpiěwāngōu	撇折	piězhé

Im Gegensatz zu den westlichen Sprachen, in denen Buchstaben in einer Reihe hintereinander ein Wort bilden, ist ein chinesisches Zeichen ein zweidimensionales Gebilde. D.h. nicht nur die Reihenfolge der Striche ist wichtig, sondern auch die Positionen der einzelnen Striche und die Länge. Einige Beispiele:

八人入： Diese drei Zeichen bestehen aus einem 丿 [piě] und einem ㇏ [nà] , aber die Position und Länge dieser zwei Striche entscheiden, ob es „Acht“, „Mensch“ oder „hinein“ bedeutet.

土士干： Durch die Position, die Länge und die Schreibfolge der einzelnen Striche lassen sich diese drei Zeichen mit den folgenden Bedeutungen “Erde”, “Person”, “tun” unterscheiden.

Grundregeln zur Schreibfolge

1. Zuerst 一 [héng] , dann 丨 [shù] ： 十
2. Erst 丿 [piě] , dann ㇏ [nà] ： 八
3. Erst oben, dann unten： 六
4. Erst links, dann rechts： 你
5. Erst außen, dann innen, dann schließen： 四
6. Erst den mittleren, dann die seitlichen： 小

Aber es gibt auch Ausnahmen.

你知道吗? [Nǐ zhīdào ma] Gewusst?

Chinesisch / Hochchinesisch

In China gibt es 56 Volksgruppen mit über 21 Sprachen und 13 Schriften. Die offizielle Amtssprache in China ist Hochchinesisch. 1,3 Milliarden Menschen, die in China leben, sprechen Chinesisch als Muttersprache und zusätzlich einige Millionen Auslandschinesen. Es ist damit die weltweit meistgesprochene Sprache. Es ist auch eine der 6 Arbeitssprachen der UNO.
Die moderne chinesische Hochsprache (普通话 [pǔtōnghuà]) basiert auf dem Peking Dialekt.

Quiz: (die richtige Variante ankreuzen)

Die 6 Arbeitssprachen der UNO sind:

A. Englisch, Französisch, Deutsch, Spanisch, Italienisch, Russisch ( )
B. Englisch, Französisch, Chinesisch, Spanisch, Arabisch, Russisch ( )
C. Englisch, Französisch, Deutsch, Japanisch, Russisch, Griechisch ( )

3 他是谁？ Wer ist er?

对话 [duìhuà] Dialog

王芳： 他是谁？
Wáng Fāng Tā shì shuí

李维： 他是我的德国朋友大卫。大卫，这是我的同学王芳。
Lǐ wéi Tā shì wǒ de Déguó péngyou Dàwèi Dàwèi zhè shì wǒ de tóngxué Wáng Fāng

大卫： 你好，认识你很高兴。
Dàwèi Nǐ hǎo rènshi nǐ hěn gāoxìng

王芳： 你好！你学汉语吗？
Wáng Fāng Nǐ hǎo Nǐ xué Hànyǔ ma

大卫： 是，我学汉语。我喜欢写汉字。
Dàwèi Shì wǒ xué Hànyǔ Wǒ xǐhuan xiě hànzì

对话 [duìhuà] Dialog

高树： 你是老师吗？
Gāo Shù Nǐ shì lǎoshī ma

林纳： 不，我是学生。
Lín Nà Bù wǒ shì xuésheng

高树： 你学什么？
Gāo Shù Nǐ xué shénme

林纳： 我学英语。你呢？
Lín Nà Wǒ xué Yīngyǔ Nǐ ne

高树： 我也学英语。
Gāo Shù Wǒ yě xué Yīngyǔ

课文 [kèwén] Text

她是老师，是中国人。我们是学生，是奥地利人。我们学汉语。
Tā shì lǎoshī shì Zhōngguórén Wǒmen shì xuésheng shì Àodìlìrén Wǒmen xué Hànyǔ
Sie ist Lehrerin ist Chinesin Wir sind Schüler sind Österreicher Wir lernen Chinesisch

生词 [shēngcí] Vokabeln:

谁	shuí/shéi	*(FPr)*	wer/wen/wem
的	de	*(Sfx)*	Attributartikel
我的	wǒ de	*(PPr)*	mein
德国	Déguó	*(EN)*	Deutschland
朋友	péngyou	*(S)*	Freund/Freundin
同学	tóngxué	*(S)*	MitschülerIn
学	xué	*(V)*	lernen
汉语	Hànyǔ	*(EN)*	Chinesisch
吗	ma	*(Pa)*	Fragesatz-Partikel
喜欢	xǐhuan	*(V)*	mögen
写字	xiězì	*(V+S)*	(Schriftzeichen) schreiben
不	bù	*(Adv)*	nein, nicht(Verneinung des Verbs,
		(S)	des Adjektiven, des Satzes
学生	xuésheng	*(EN)*	Schüler/Schülerin
英语	Yīngyǔ	*(Pa)*	Englisch
呢	ne	*(Adv)*	Satzpartikel
也	yě	*(EN)*	auch, ebenfalls
中国	Zhōngguó	*(S)*	China
中国人	Zhōngguó rén	*(EN)*	Chinese/Chinesin
奥地利	Àodìlì	*(S)*	Österreich
奥地利人	Àodìlì rén		Österreicher/Österreicherin

语法注解 [yǔfǎ zhùjiě] Grammatik

Fragewort 谁 [shuí] wer

In der Umgangssprache wird es oft als [shéi] ausgesprochen. Das Fragewort 谁 steht stets an der Stelle, wonach gefragt wird.

例 lì Beispiel

她是谁？她是林纳。
她是谁的老师？她是我们的老师。

Fragesatzpartikel 吗 [ma]

Fragesatz mit 吗 wird gebildet, indem der Modalpartikel 吗 hinter dem Aussagesatz eingesetzt wird. Somit wird eine Ja-/Nein-Frage gestellt. Die Wortstellung bleibt dabei – im Gegensatz zum Deutschen – unverändert.

例 lì Beispiel

他是学生。 → 他是学生吗？
你叫马克。 → 你叫马克吗？
Mǎkè Mǎkè

Um eine Entscheidungsfrage zu bejahen, wird das Zeichen 是 verwendet oder das Prädikat wiederholt. Bei der Verneinung wird 不 [bù] hinzugefügt.

例 lì Beispiel 他是学生吗？ → 是，他是学生。
不，他不是学生。

你喜欢汉语吗？ →喜欢，我喜欢汉语。
不，我不喜欢。

你叫马克吗？ →是，我叫马克。
不，我不叫马克。

Satzpartikel 呢 [ne]

呢 wird im unvollständigen Fragesatz benutzt, um dieselben Informationen im Vorsatz nicht wiederholen zu müssen, so ähnlich wie im Deutschen"…, und du?", oder "…, und Sie?".

例 lì Beispiel 我学英语，你呢？
他是老师，马克呢？

Attributpartikel 的 [de]

Wenn ein Personalpronomen als Attribut verwendet wird, muss im Allgemeinen die Strukturpartikel 的 verwendet werden:

例 lì Beispiel Attribut + Attributpartikel + Bezugswort:

我	的	老师
谁	的	朋友

Verneinungswort 不 [bù]

Um einen Aussagesatz zu verneinen, wird 不 vor das Verb gesetzt.

例 lì Beispiel	Aussagesatz	Verneinung des Aussagesatzes
	S + Verb + ……	S + 不 + Verb + ……
	他 是 老师。	他 不 是 老师。
	我 学 汉语。	她 不 学 汉语。

Tonwechsel-Regel von 不 [bù]

不 [bù] ändert den Ton, wenn ein Zeichen im 4. Ton folgt: Es wird dann im 2. Ton ausgesprochen.

例 lì Beispiel

bù duō	bù tóng	bù hǎo	bú shì
不多	不同	不好	不是

练习 [liànxí] Übung

1 拼音练习 [pīnyīn liànxí] – Übung mit Pinyin

	a	ai	ao	an	ang	e	ei	en	eng	ou	ong
g	ga	gai	gao	gan	gang	ge	gei	gen	geng	gou	gong
k	ka	kai	kao	kan	kang	ke	kei	ken	keng	kou	kong
h	ha	hai	hao	han	hang	he	hei	hen	heng	hou	hong

	iao	iu	ian	iang	in	ing	iong	u	uan	üe	ün
j	jiao	jiu	jian	jiang	jin	jing	jiong	ju	juan	jue	jun
q	qiao	qiu	qian	qiang	qin	qing	qiong	qu	quan	que	qun
x	xiao	xiu	xian	xiang	xin	xing	xiong	xu	xuan	xue	xun

Bei den Anlauten j, q, und x wird ein mit u beginnender Auslaut als ü gesprochen.

2 拼音练习 [pīnyīn liànxí] – 四声 [sìshēng] – Übung mit den vier Tönen

gāo		gǎo	gào	高
hāo	háo	hǎo	hào	好
guō	guó	guǒ	guò	国
	hén	hěn	hèn	很
hān	hán	hǎn	hàn	汉
jiān		jiǎn	jiàn	见
jiū		jiǔ	jiù	九
jīn		jǐn	jìn	今
qī	qí	qǐ	qì	七
xiān	xián	xiǎn	xiàn	先
xuē	xué	xuě	xuè	学

ˉ + ˉ	bānjiā	bīngxiāng	huāngzhāng	fēijī
ˉ + ˊ	fēicháng	jiānglái	zhōngwén	kēxué
ˉ + ˇ	pōshuǐ	biāozhǔn	shāngchǎng	xīnyǐng
ˉ + ˋ	fāxiàn	biānpào	fāngxiàng	xīwàng

b	běifāng	bǎobèi	báitóu	bāngzhù	búcuò
p	pāndēng	pèidài	píngguǒ	péngyou	pángbiān
m	miànbāo	míngquè	měilì	míngtiān	máotái
f	fēixiáng	fǎnduì	fēiwén	fǒudìng	fěngcì

3 读一读 [dú yi dú] – Lesen und Verstehen

1 2 3 4 5 6 7 8 9 10
11 12 13 14 15 16 17 18 19
20 22 25 30 33 36 40
43 49 50 57 60 68
70 75 80 81 90 99
100 112 145 168 189
200 300 366 400 500 999

3 他是谁？ Wer ist er?

国家 guójiā	Land	语言 yǔyán	Sprache
中国 Zhōngguó	China	汉语 Hànyǔ	Chinesisch
奥地利、德国 Àodìlì, Déguó	Österreich, Deutschland	德语 Déyǔ	Deutsch
英国、美国 Yīngguó, Měiguó	England, USA	英语 Yīngyǔ	Englisch
法国 Fǎguó	Frankreich	法语 Fǎyǔ	Französisch

德国　　中国　　英国　　法国
德语　　汉语　　英语　　法语
学生　　学习　　老师　　朋友　　谁的朋友

瑞士
Ruìshì
die Schweiz

4 替换练习 [tìhuàn liànxí] – Dialogübung

(1) A: 他是谁？
B: 他是 Hans，我的德国朋友。

(2) A: 他学汉语吗？
B: 是，他学汉语。
A: 你学汉语吗？
B: 不，我不学汉语。
我学英语。你呢？
A: 我也不学汉语，
我学法语。

西班牙语 Xībānyáyǔ Spanisch	葡萄牙语 Pútáoyáyǔ Portugiesisch	日语 Rìyǔ Japanisch
意大利语 Yìdàlìyǔ Italienisch	俄语 Éyǔ Russisch	

你知道吗? [Nǐ zhīdào ma] Gewusst?

Entwicklungsgeschichte chinesischer Schriftzeichen

Die chinesische Schrift hat eine ca. 5000 Jahre alte Geschichte. Insgesamt gibt es über 60 000 Zeichen. Oft verwendet werden 5000-6000 Zeichen.
Die chinesische Schrift entwickelt sich aus Piktogrammen und Ideogrammen. Die wichtigsten Phasen der Entwicklung sind

- 甲骨文 [jiǎgǔwén] – die Knochenschrift, die man auf Knochen und/oder Schildkrötenpanzer eingeritzt wurde,
- 金文 [jīnwén] – die Bronzeschrift, die in Bronzegefäßen eingraviert wurde,
- 篆书 [zhuànshū] – die kleine/große Siegelschrift und
- die heutigen, modernen Druckschriften.

甲骨文 Knochenschrift			
金文 Bronzeschrift			
大篆 Große Siegelschrift			
Moderne Schrift	日	山	水

Der Entwicklungsprozess war in der Han-Dynastie (206 v. Chr. bis 221 n. Chr.) bereits weitgehend abgeschlossen. Da die traditionellen chinesischen Schriften (繁体字 [fántǐzì] , Langzeichen) schwer zu schreiben und zu merken sind, wurde 1956 das „Konzept zur Verkürzung der chinesischen Schriftzeichen" vom chinesischen Staatsrat angenommen. Seitdem wird im Festland China im Wesentlichen nur die vereinfachten chinesischen Schriftzeichen (简体字 [jiǎntǐzì] , Kurzzeichen) verwendet.

Einige Beispiele:

繁体字	馬	龍	圖	說
简体字	马	龙	图	说
Pinyin	mǎ	lóng	tú	shuō
Bedeutung	Pferd	Drache	Bild	sprechen

Quiz: (Welches neue Schriftzeichen entspricht welchem alten?)

Alte Schriftzeichen					
	1	2	3	4	5
Heutige Schriftzeichen	月	采	鱼	目	人
	yuè	cǎi	yú	mù	rén
	Mond	pflücken	Fisch	Auge	Mensch
	A	B	C	D	E

4 今天几号？ Der wievielte ist heute?

对话 [duìhuà] Dialog

李维： 今天几号？
Lǐ Wéi Jīntiān jǐ hào

王芳： 今天二零二二年二月二十六号。
Wáng Fāng Jīntān èr líng èr èr nián èr yuè èrshíliù hào

李维： 是星期五吗？
Lǐ Wéi Shì xīngqīwǔ ma

王芳： 不是，是星期六。
Wáng Fāng Bú shì shì xīngqīliù

李维： 你的生日是几号？
Lǐ Wéi Nǐ de shēngrì shì jǐ hào

王芳： 二零零四年四月十九日。
Wáng Fāng èr líng líng sì nián sì yuè shíjiǔ rì

对话 [duìhuà] Dialog

高树： 今天星期几？
Gāo Shù Jīntiān xīngqī jǐ

林纳： 今天星期五。
Lín Nà Jīntiān xīngqīwǔ

高树： 明天上汉语课吗？
Gāo Shù Míngtiān shàng Hànyǔ kè ma

林纳： 明天不上汉语课。
Lín Nà Míngtiān bú shàng Hànyǔ kè

课文 [kèwén] Text

今天 二零二零年 十月十二日，星期一。昨天 是 我的 生日。
Jīntiān èr líng èr líng nián shí yuè shí'èr rì xīngqīyī Zuótiān shì wǒ de shēngrì
Heute 2 0 2 0 Jahr 10. Monat 12. Tag Montag Gestern war mein Geburtstag

小龙 祝 我 生日快乐，我很高兴。两千零九年我一岁。
Xiǎolóng zhù wǒ shēngrì kuàilè wǒ hěn gāoxìng liǎng qiān líng jiǔ nián wǒ yí suì
Xiǎolóng wünscht mir Geburtstag Glück ich sehr glücklich 2009 Jahr ich ein Jahr

生词 [shēngcí] Vokabeln:

今天	jīntiān	(S)	heute
几	jǐ	(FPr)	wie viele
号	hào	(S)	der …te (Monatstag), Nummer
月	yuè	(S)	Monat
星期	xīngqī	(S)	Woche
生日	shēngrì	(S)	Geburtstag
日	rì	(S)	Tag
明天	míngtiān	(S)	morgen
上课	shàngkè	(V+S)	Unterricht haben
零	líng	(ZW)	null
昨天	zuótiān	(S)	gestern
祝	zhù	(V)	wünschen
快乐	kuàilè	(Adj)	fröhlich, glücklich, vergnügt
两	liǎng	(ZW)	zwei
千	qiān	(ZW)	tausend

语法注解 [yǔfǎ zhùjiě] Grammatik

星期的表达 [xīngqī de biǎodá] – Wochentage

Montag	Dienstag	Mittwoch	Donnerstag	Freitag	Samstag	Sonntag
星期一	星期二	星期三	星期四	星期五	星期六	星期日(星期天)

4 今天几号？ Der wievielte ist heute?

月份的表达 [yuèfen de biǎodá] - Monatsnamen

Januar	Februar	März	April	Mai	Juni
一月	二月	三月	四月	五月	六月
Juli	August	September	Oktober	November	Dezember
七月	八月	九月	十月	十一月	十二月

年的表达 [nián de biǎodá] - Jahresbezeichnungen

Jahreszahlen können Ziffer für Ziffer ausgesprochen werden.

例 lì Beispiel 1953年：一九五三年 [yījiǔwǔsān nián]

All diejenigen Jahreszahlen, die als Zahlen kürzer oder gleich lang gelesen werden, kann auch als ganze Zahlen gesprochen werden.

例 lì Beispiel 2000年：二零零零年 [èrlínglínglíng nián] oder 两千年 [liǎngqiān nián]
2001年：二零零一年 [èrlínglíngyī nián] oder 两千零一年 [liǎngqiān líng yī nián]

日期的表达 [rìqī de biǎodá] - Datum

Im Chinesischen beginnt man im Gegensatz zum Deutschen mit der größten Einheit. Es wird zuerst das Jahr, dann der Monat und zuletzt der Tag angegeben.

例 lì Beispiel 一九八七年九月十三日 [yījiǔbāqī nián jiǔ yuè shísān rì] 13. 09. 1987
二零二五年七月十八日 [èrlíngèrwǔ nián qī yuè shíbā rì] 18. 07. 2025

Im Brief wird das Datum in dieser Reihenfolge stets unter die Signatur gesezt.

零 [líng] - null

wird bei Jahresbezeichnung manchmal auch als“〇”geschrieben.

例 lì Beispiel 2010年 → 二〇一〇年 [èrlíngyīlíng nián]

Verbflexionen

Im Gegensatz zur deutschen Sprache gibt es im Chinesischen keine Verbflexionen. Das Verb wird nie verändert, ungeachtet dessen, ob sich um eine andere handelnde Person oder eine andere Zeit handelt. Um Vergangenes oder Zukünftiges auszudrücken, verwendet man einfach eine Zeitangabe im Satz. (z.B. 今天 [jīntiān: heute] 、昨天 [zuótiān: gestern] 、明天 [míngtiān: morgen] 、去年 [qùnián: letztes Jahr] ……)

例 lì Beispiel

我们<u>明天</u>上课。
Wir haben <u>morgen</u> Unterricht.

他们<u>昨天</u>上课
Sie haben <u>gestern</u> Unterricht gehabt.

<u>他</u> 学 汉语。
<u>Er</u> lernt Chinesisch.

<u>我们</u> 学 英语
<u>Wir</u> lernen Englisch.

练习 [liànxí] Übung

1 拼音练习 [pīnyīn liànxí] – Übung mit Pinyin

	a	e	i	u	ua	uei	uai	uo	uan	uen	uang
zh	zha	zhe	zhi	zhu	zhua	zhui	zhuai	zhuo	zhuan	zhun	zhuang
z	za	ze	zi	zu		zui		zuo	zuan	zun	
ch	cha	che	chi	chu	shua	chui	chuai	chuo	chuan	chun	chuang
c	ca	ce	ci	cu		cui		cuo	cuan	cun	
sh	sha	she	shi	shu	shua	shui	shuai	shuo	shuan	shun	shuang
s	sa	se	si	su		sui		suo	suan	sun	
r		re	ri	ru		rui		ruo	ruan	run	

2 拼音练习 [pīnyīn liànxí] – 四声 [sìshēng] – Übung mit den vier Tönen

zāi		zǎi	zài	再
zāo	záo	zǎo	zào	早
zī	zí	zǐ	zì	字
zuō	zuó	zuǒ	zuò	昨
zhū	zhú	zhǔ	zhù	祝
shāng		shǎng	shàng	上
shēng	shéng	shěng	shèng	生
shēn	shén	shěn	shèn	什
shī	shí	shǐ	shì	师 十 识 是 士
	shuí	shuǐ	shuì	谁
sān		sǎn	sàn	三
sī		sǐ	sì	四
suī	suí	suǐ	suì	岁
	rén	rěn	rèn	认

ˊ + ˉ nánjīng táifēng míngtiān yángguāng

ˊ + ˊ héliú chúfáng nóngmín xuéxí

ˊ + ˇ ménkǒu zhánzhuǎn xiánsǎn nánmiǎn

ˊ + ˋ qiánjìn juédìng míngquè dédào

d	děngdài	diǎnxíng	Déguó	diànyǐng	dàxué
t	tàiyáng	táopǎo	tiàoshéng	tíngzhǐ	tuìcháo
n	níngjìng	nuòruò	niúnǎi	nèiróng	niánjì
l	liánxì	lǎoshī	língqián	Liáoníng	línjū

3 读一读 [dú yi dú] – Lesen und Verstehen

一九六五年十月二十六日　　1949年10月1日
一九九四年七月一日　　1990年10月3日
两千零九年四月十八日　　2008年8月8日

星期一　星期二　星期三　星期四　星期五　星期六　星期日（星期天）

一月　二月　三月　四月　五月　六月
七月　八月　九月　十月　十一月　十二月
昨天　今天　明天　今年　明年
上德语课　上汉语课　上英语课

4 替换练习 [tìhuàn liànxí] – Dialogübung

A: 明天上汉语课吗？
B: 明天不上汉语课，
明天上德语课。
A: 明天见。
B: 明天见。

法语（Französisch）Fǎyǔ
生物（Biologie）shēngwù
数学（Mathematik）shùxué
地理（Geographie）dìlǐ
物理（Physik）wùlǐ
历史（Geschichte）lìshǐ
化学（Chemie）huàxué

5 完成下列对话 [wán chéng xià liè duì huà] – Dialoge vervollständigen

（1） 今天几号？ 今天星期几？
（昨天几号？ 明天几号？）（昨天呢？ 明天呢？）

28.02.1936
31.10.1844
19.08.1789
26.12.1651
05.11.2007

Freitag
Dienstag
Samstag
Donnerstag
Montag

（2） 你的生日是几号？

王芳 [Wáng Fāng]
李维 [Lǐ Wéi]
高树 [Gāo Shù]
林纳 [Lín Nà]
老师

23.08.
02.11.
25.12.
09.06.
27.07.

 **你知道吗?** [Nǐ zhīdào ma] Gewusst?

春节 [Chūn Jié] – Frühlingsfest

Das älteste und wichtigste Fest in China ist das Frühlingsfest, welches auch als chinesisches Neujahrsfest bezeichnet wird. Das Datum richtet sich nach dem Mondkalender und liegt normalerweise zwischen Ende Januar und Mitte Februar. Zu Silvester werden im Norden gefüllte Teigtaschen (饺子 [jiǎozi]) und im Süden Klebreiskuchen (年糕 [niángāo]) gegessen. Feuerwerke und Knaller dürfen nicht fehlen, denn sie vertreiben die bösen Geister. Am meisten freuen sich die Kinder auf das Neujahrsfest, weil sie Geschenke, neue Kleidung und die sogenannten 压岁钱 [yā suì qián] bekommen. (压岁钱 [yā suì qián] sind Geldscheine, die in einer roten Tasche eingepackt sind und den Kindern geschenkt werden.)

中西节日对比

zhōngxī jiérì duìbǐ

Gegenüberstellung Chinesischer und westlicher Feste

元旦 Yuándàn	Neujahr
春节 Chūn Jié	Frühlingsfest
元宵节 / 灯节 Yuánxiāo Jié Dēng Jié	Laternenfest
清明节 Qīngmíng Jié	Toten-Gedenktag
端午节 Duānwǔ Jié	Drachenbootfest
中秋节 Zhōngqiū Jié	Mondfest
除夕 chúxī	Silvester

新年 xīnnián	Neujahr
复活节 Fùhuó Jié	Ostern
圣灵降临节 Shènglíngjiànlín Jié	Pfingsten
诸圣节 Zhūshèng Jié	Allerheiligen
圣诞节 Shèngdàn Jié	Weihnachten
除夕 chúxī	Silvester

Quiz: (die richtige Variante ankreuzen)

A. ( ) „Hongbao" ist eine Grußkarte.
B. ( ) „Hongbao" ist ein Geldgeschenk.
C. ( ) „Hongbao" ist Glückskekse.

5 你家有几口人？
Wie viele Mitglieder hat deine Familie?

对话 [duìhuà] Dialog

他是谁？
Tā shì shuí

他是 Tā shì	我的 wǒ de	爷爷。 yéye
	王芳的 Wáng Fāng de	爸爸。 bàba
		哥哥。 gēge
		弟弟。 dìdi
		朋友。 péngyou

她是谁？
Tā shì shuí

她是 Tā shì	我的 wǒ de	奶奶。 nǎinai
	李维的 Lǐ Wéi de	妈妈。 māma
		姐姐。 jiějie
		妹妹。 mèimei
		学生。 xuésheng

对话 [duìhuà] Dialog

高树： 你有妹妹吗？
Gāo Shù Nǐ yǒu mèimei ma

林纳： 我没有妹妹，
Lín Nà Wǒ méiyǒu mèimei

我有一个哥哥。
wǒ yǒu yí ge gēge

高树： 你哥哥多大？
Gāo Shù Nǐ gēge duō dà

林纳： 他今年二十三岁。
Lín Nà Tā jīnnián èrshísān suì

课文 [kèwén] Text

我	家	有	四	口	人：	爸爸、	妈妈、	姐姐	和	我。	我们
Wǒ	jiā	yǒu	sì	kǒu	rén	bàba	māma	jiějie	hé	wǒ	Wǒmen
Meine	Familie	hat	4	(ZEW)	Personen	Vater	Mutter	ältere Schwester	und	ich	Wir

还有	一	只	狗。	我	爸爸	是	医生，	妈妈	是	老师。	我	和
hái yǒu	yì	zhī	gǒu	Wǒ	bàba	shì	yīshēng	māma	shì	lǎoshī	Wǒ	hé
noch haben	1	(ZEW)	Hund	mein	Vater	ist	Arzt	Mutter	ist	Lehrerin	Ich	und

姐姐	都	是	学生。	我	爱	我	的	家。
jiějie	dōu	shì	xuéshēng	Wǒ	ài	wǒ	de	jiā
ältere Schwester	beide	sind	Schüler	Ich	liebe	meine		Familie

生词 [shēngcí] Vokabeln:

家	jiā	(S)	Familie, Haus
有	yǒu	(V)	haben
口	kǒu	(ZEW)	ZEW für Familienmitglieder
人	rén	(S)	Mensch, Person
爸爸	bàba	(S)	Vater
妈妈	māma	(S)	Mutter
姐姐	jiějie	(S)	ältere Schwester
和	hé	(K)	und
还	hái	(Adv)	noch
只	zhī	(ZEW)	ZEW für verschiedene Tierarten
狗	gǒu	(S)	Hund
医生	yīshēng	(S)	Arzt/Ärztin
都	dōu	(Adv)	beide, alle
爱	ài	(V)	lieben, gerne haben
爷爷	yéye	(S)	Opa, Großvater
哥哥	gēge	(S)	älterer Bruder
弟弟	dìdi	(S)	jüngerer Bruder
奶奶	nǎinai	(S)	Oma, Großmutter
妹妹	mèimei	(S)	jüngere Schwester
没有	méiyǒu	(V)	haben kein-

5 你家有几口人？ Wie viele Mitglieder hat deine Familie?

语法注解 [yǔfǎ zhùjiě] Grammatik

Zähleinheitwörter

Zwischen Zahl und Substantiv muss im Chinesischen ein Zähleinheitwort (ZEW) stehen. Es heißt nicht einfach „ein Hund“, sondern „ein ZEW Hund“. Die meisten chinesischen ZEW haben im Deutschen keine direkte Entsprechung.

Das häufigste ZEW ist das tonlose 个 [ge] . Es kann für die meisten Dinge verwendet werden.

例 lì Beispiel	一个星期、一个朋友
Beispiele ZEW	口 – für Familienmitglieder: 五口人
	只 – für Kleintiere: 一只狗

Konjunktion 和 [hé] und

Die Konjunktion 和 kann nur Wörter und Phrasen, aber keine Sätze verbinden. Das ist ein wichtiger Unterschied zum deutschen „und“.

例 lì Beispiel 我有妹妹和弟弟。

Attributpartikel 的 [de]

Attributpartikel 的 steht zwischen Attribut und Bezugswort. Er zeigt eine Zugehörigkeit oder Eigenschaft an.

Bei Verwandtschaften kann 的 wegfallen.

例 lì Beispiel	我的爸爸	→	我爸爸
	他的哥哥	→	他哥哥

Verneinungsform für das Verb 有 [yǒu] haben

Im Gegensatz zu anderen Verben wird 有 nicht durch 不 verneint, sondern durch 没.

例 lì Beispiel	我有哥哥。	→	我没有哥哥。
	他是老师。	→	他不是老师。

Aufzählungskomma 顿号 [dùnhào] 、

Im Chinesischen gibt es neben dem normalen Komma, noch ein Aufzählungskomma [、] , das nur bei Aufzählungen verwendet wird. Es wird von links nach rechts geschrieben.

例 lì Beispiel 我有爸爸、妈妈、哥哥和姐姐

练习 [liànxí] Übung

1 拼音练习 [pīnyīn liànxí] – 四声 [sìshēng] – Übung mit den vier Tönen

	rén	rěn	rèn
gē	gé	gě	gè
yē	yé	yě	yè
mā	má	mǎ	mà
yī	yí	yǐ	yì
āi	ái	ǎi	ài
		nǎi	nài

人	认
哥	
爷	
吗	妈
一	医
爱	
奶	

Töne				
ˇ + ¯	měitiān	shǒudū	xuěhuā	shǎngdēng
ˇ + ˊ	pǐncháng	duǒcáng	liǎngpáng	měiróng
ˇ + ˇ	lǐxiǎng	shuǐguǒ	wǔdǎo	shǒubiǎo
ˇ + ˋ	tiǎozhàn	měimiào	suǒwèi	biǎoshì

g	gāoxìng	gǎigé	gāoguì	guǎngchǎng	gǒuqiě
k	kǒushì	kǒnglóng	kǎolǜ	kànjiàn	kuàngkè
h	hánjià	hóngqí	hǎibào	huāngzhāng	hàohàn

2 读一读 [dú yi dú] – Lesen und Verstehen

医生	老师	学生
我哥哥	他奶奶	
大卫的学生	李维的姐姐	王芳的医生
林纳的家	老师的朋友	

3 看图回答问题 [kàn tú huídá wèntí] – Fragen beantworten

（1） A: 他/她是谁？
B: 他/她是……

爷爷

弟弟

大卫

姐姐

林纳

老师

（2）

你哥哥的生日是几号？

我哥哥的生日是八月十二日。

哥哥	26.03.
姐姐	15.09.
弟弟	02.11.
妹妹	08.10.
爷爷	26.12.
奶奶	11.06.

你知道吗？ [Nǐ zhīdào ma] Gewusst?

China: das bevölkerungsreichste Land der Welt

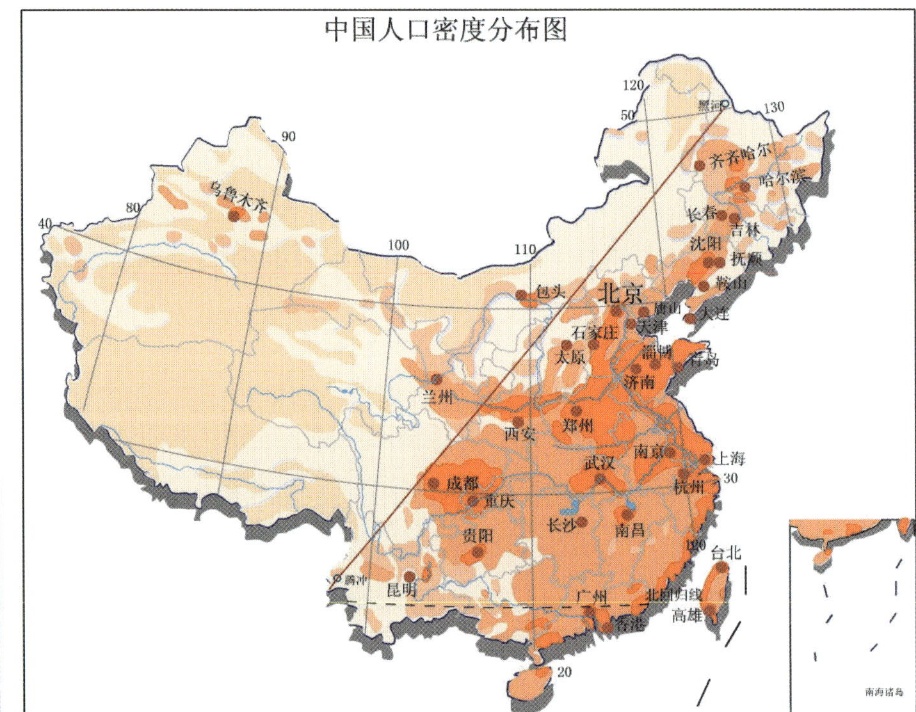

黑河腾冲线（人口地理界线）
100 万人口以上（1993 年）
每平方千米 400 人以上
每平方千米 100—400 人
每平方千米 50—100 人
每平方千米 1—50 人
每平方千米 1 人以下

China ist das bevölkerungsreichste Land der Welt. Die Volkszählung 2020 ergab eine Bevölkerung von ca. 1,4 Milliarden, entspracht ca. 1/5 der gesamten Weltbevölkerung, etwa Dreifache der EU-Bevölkerungszahl. Mit der Umsetzung der Politik der Familienplanung ging Chinas Anteil an der Weltbevölkerung von 22,2% im Jahr 1980 auf 20,1% im Jahr 2007, und weiter auf 19,5% im Jahr 2010 zurück.

Die traditionelle Familienform „4 Generationen unter einem Dach“ wurde weitgehend durch „3-Personen-Haushalt“ ersetzt. Aufgrund der daraus resultierenden niedrigen Geburtenrate und Alterung der Bevölkerung wurde im Jahre 2015 die Ein-Kind-Politik offiziell abgeschafft und durch eine Zwei-Kind-Politik ersetzt. Im Mai 2021 wurde eine Drei-Kind-Regelung eingeführt. Derzeit prüft die Regierung die Abschaffung jeglicher Geburtenbeschränkungen.

Quiz: (die richtige Variante ankreuzen)

A. 中国人喜欢数字5，不喜欢13。 (   )
B. 中国人喜欢数字2，不喜欢8。 (   )
C. 中国人喜欢数字8，不喜欢4。 (   )

小结 xiǎojié – Zusammenfassung

问好 [wènhǎo] Begrüßung

你好！
您好！
王女士，很高兴认识你！
您好！很高兴认识你！

你们好！
老师好！

早上好！
晚上好！
李先生，您好！

介绍自己 [jièshào zìjǐ] sich vorstellen

我叫……

我是……

询问 [xúnwèn] Fragen stellen

你叫什么名字？	我叫……
你多大？	我十六岁。
你学汉语吗？	我学汉语。/我不学汉语，我学英语。
今天几号？	今天五月十八号。
明天上汉语课吗？	明天上汉语课。/明天不上汉语课。
你家有几口人？	我家有四口人。
他是谁？	他是我的爷爷。
你有妹妹吗？	我没有妹妹，我有一个哥哥。

句型总结 [jùxíng zǒngjié] - Satzmuster im Überblick

句型 [jùxíng] Satzmuster	例句 [lìjù] Beispiel
我叫……	我叫王芳。
我是……	我是学生。
不是 不学……	今天不是星期五。她不学汉语。
什么……	他叫什么名字？ 你学什么？
……吗？	明天上课吗？
……的	他是我的德国朋友。
……多……？	你多大？
……几……？	明天几号？你家有几口人？
我有……	我有哥哥。
我没有……	我没有姐姐。

我喜欢听音乐 Ich höre gern Musik

对话 [duìhuà] Dialog

李维：你正在听音乐吗？
Lǐ Wéi　Nǐ zhèngzài tīng yīnyuè ma

林纳：是，我正在听麦克·杰克逊的歌。
Lín Nà　Shì wǒ zhèngzài tīng Màikè Jiékèxùn de gē

你也喜欢音乐吗？
Nǐ yě xǐhuān yīnyuè ma

李维：是的。我还喜欢运动。
Lǐ Wéi　Shì de wǒ hái xǐhuān yùndòng

我爱打篮球，
Wǒ ài dǎ lánqiú

也爱踢足球。
yě ài tī zúqiú

你呢，王芳？
Nǐ ne Wáng Fāng

王芳：我不太喜欢运动，我爱读书、看电视。
Wáng Fāng　Wǒ bù tài xǐhuān yùndòng Wǒ ài dú shū kàn diànshì

对话 [duìhuà] Dialog

高树正在上课。
Gāo Shù zhèngzài shàngkè

王芳正在看书。
Wáng Fāng zhèngzài kàn shū

马兰正在看电视。
Mǎ Lán zhèngzài kàn diànshì

李维正在打球。
Lǐ Wéi zhèngzài dǎ qiú

6 我喜欢听音乐 Ich höre gern Musik

对话 [duìhuà] Dialog

小龙：你的狗很可爱，它叫什么名字？
Xiǎolóng Nǐ de gǒu hěn kě'ài tā jiào shénme míngzi

安娜：它叫小白。你也有狗吗？
Ānnà Tā jiào Xiǎobái Nǐ yě yǒu gǒu ma

小龙：我没有狗，我有一只猫。它很喜欢睡觉。
Xiǎolóng Wǒ méiyǒu gǒu Wǒ yǒu yì zhī māo Tā hěn xǐhuan shuìjiào

课文 [kèwén] Text

林纳喜欢唱歌、听音乐。李维喜欢打篮球和排球。
Lín Nà xǐhuan chànggē tīng yīnyuè Lǐ Wéi xǐhuan dǎ lánqiú hé páiqiú
Lin na mag singen hören Musik Li Wei mag spielen Basketball und Volleyball

王芳不喜欢运动，她爱读书和看电视。
Wáng Fāng bù xǐhuan yùndòng tā ài dú shū hé kàn diànshì
Wang Fang nicht mag Sport sie liebt lesen Bücher und sehen Fernsehen

生词 [shēngcí] Vokabeln:

听	tīng	*(V)*	hören
音乐	yīnyuè	*(S)*	Musik
正在	zhèngzài	*(Adv)*	gerade
麦克·杰克逊	Màikè Jiékèxùn	*(EN)*	Michael Jackson
歌	gē	*(S)*	Lied
运动	yùndòng	*(S)*	Sport
打	dǎ	*(V)*	spielen, schlagen
篮球	lánqiú	*(S)*	Basketball
踢	tī	*(V)*	spielen, treten
足球	zúqiú	*(S)*	Fußball
太	tài	*(Adv)*	sehr
读	dú	*(V)*	lesen
书	shū	*(S)*	Buch
看	kàn	*(V)*	sehen
电视	diànshì	*(S)*	Fernseher
可爱	kě'ài	*(Adj)*	lieb, nett

它	tā	(PPr)	es
白	bái	(Adj)	weiß
猫	māo	(S)	Katze
睡觉	shuìjiào	(V)	schlafen
唱	chàng	(V)	singen
排球	páiqiú	(S)	Volleyball

语法注解 [yǔfǎ zhùjiě] Grammatik

Im Chinesischen gibt es bei den Nomen keinen ersten, zweiten, dritten bzw. vierten Fall. Allein die Satzstellung des Nomens entscheidet, ob es ein Subjekt oder ein Objekt ist.
例 lì: Beispiel: 我喜欢王芳。Ich mag Wang Fang.
王芳喜欢我。Wang Fang mag mich.

Verb-Objekt-Konstruktion

Manche einsilbigen Verben werden im Chinesischen nicht allein verwendet, sondern sie bilden oft mit einem ihnen zugeordneten Objekt ein festes Gefüge.
例 lì Beispiel 唱歌、听音乐、打篮球、踢足球、读书、看电视

Gerade 在、正在 [zài, zhèngzài]

Das Zeichen 正 in 正在 kann in der Umgangsprache weggelassen werden.
例 lì Beispiel 他们正在唱歌。 → 他们在唱歌。

Zeichen mit mehreren Lautschriften 多音字 [duōyīnzì]

Einige Zeichen haben mehr als eine Lautschrift, wie z. B. das Zeichen 乐 [lè: 快乐, yuè: 音乐]. Je nachdem, wie es gelesen wird, hat das Zeichen unterschiedliche Bedeutung. Festgelegt wird dies durch den Kontext im Satz oder im Wort.

练习 [liànxí] Übung

1 拼音练习 [pīnyīn liànxí] – 四声 [sìshēng] – Übung mit den vier Tönen

gē	gé	gě	gè		哥	歌
dā	dá	dǎ	dà		大	打
bāi	bái	bǎi	bài		白	百
tīng	tíng	tǐng	tìng		听	
yuē			yuè		乐	
lē	lé	lě	lè	le	乐	
qiū	qiú	qiǔ			球	
diān		diǎn	diàn		电	
tiān	tián	tiǎn	tiàn		天	

6 我喜欢听音乐 Ich höre gern Musik

ˋ + ˉ	chànggē	fàngxīn	qìchē	diàndēng
ˋ + ˊ	qìqiú	tàiyáng	huànqián	guòchéng
ˋ + ˇ	rùkǒu	zhèngfǔ	tiàoshuǐ	zhàngǎng
ˋ + ˋ	zuìhòu	suìdào	shìyòng	jìnbù

j	jiǎndān	jiàoshì	juédìng	jīngcháng	jiǎngshǎng
q	qǔxiāo	qíngkuàng	qiánchéng	qiúchǎng	qǐngjià
x	xǔduō	xiǎozǔ	xiàngpí	xiǎoniǎo	xúncháng

2 读一读 [dú yi dú] – Lesen und Verstehen

唱歌	听音乐	打篮球	踢足球
读书	看电视	运动	上汉语课
在唱歌	在听音乐	在打篮球	在踢足球

3 对话 [duìhuà] – Dialogübung

(1) A: 你喜欢什么运动?
B: 我喜欢……

打篮球

踢足球

(2) A: 她在做什么?
B: 她在……

看电视

听音乐

上课

唱歌

你知道吗? [Nǐ zhīdào ma] Gewusst?

老师 [lǎoshī] LehrerIn

Respekt gegenüber Lehrenden und Ausbildenden ist in China Tradition. Es gibt ein Sprichwort "一日为师，终身为父 [yí rì wéi shī, zhōngshēn wéi fù] ", d. h. ein Tag als Lehrer bedeutet Vater für ganzes Leben.

Generell reden Schüler die LehrerInnen nicht direkt mit deren Namen an, sondern mit Nachnamen plus老师 [lǎoshī] . Zum Beispiel 林老师 [Lín lǎoshī] . Das gilt vom Kindergarten bis zu Universitäten.

In China ist der 10. September der Tag der LehrerInnen. Dieser Festtag ist seit 1985 wieder eingeführt worden.

Die Bezeichnung 老师 wird nicht nur bei LehrerInnen verwendet, sondern auch im weiteren Sinne, so könnte man z.B. einen älteren bzw. erfahrenen Kollegen mit 老师 anreden.

Bildungssystem in China

Kinder besuchen mit dem 6. Lebensjahr die Schule. Die Grundschule dauert 6 Jahre, die Mittelschule auch 6 Jahre. Aufnahmebedingung für ein Hochschulstudium ist der erfolgreiche Abschluss der landesweiten einheitlichen Aufnahmeprüfung. Nach erfolgreichem 4-jährigem Studium wird der Titel Bachelor verliehen. Danach kann man ein Masterstudium (2-3 Jahre) beginnen und sodann ein Doktoratsstudium anschließen.

Für die ersten 9 Jahre besteht Schulpflicht.

Vergleich des chinesischen Bildungssystems mit Österreichischem

Chinesisches Bildungssystem			Österreichisches Bildungssystem	
小学 xiǎo xué	Grundschule	6 Jahre	Volksschule	4 Jahre
初中 chū zhōng	Mittelschule Unterstufe	3 Jahre	Mittelschule	8 Jahre
高中 gāo zhōng	Oberstufe	3 Jahre		
大学 dà xué	Universität	4 Jahre 学士 Bachelor	Universität	3 Jahre Bachelor

Quiz: (die richtige Variante ankreuzen)

林国峰 (Lǐ Guófēng) 是老师，

A. 他的中国学生称呼(chēnghū, nennen)他"国峰"。 (　　)
B. 他的中国学生称呼他"林国峰"。 (　　)
C. 他的中国学生称呼他"林老师"。 (　　)

7 现在几点？ Wie spät ist es jetzt?

对话 [duìhuà] Dialog

李维：今天几号？
Lǐ Wéi Jīntiān jǐ hào

大卫：请问，现在几点？
Dàwèi Qǐng wèn xiànzài jǐ diǎn

林纳：现在十二点。
Lín Nà Xiànzài shí'èr diǎn

大卫：谢谢！
Dàwèi Xièxie

林纳：不客气。
Lín Nà Bú kèqi

对话 [duìhuà] Dialog

A: 医生 什么 时候 来？
Yīshēng shénme shíhou lái

B: 他 两 点 半 来。
Tā liǎng diǎn bàn lái

A: 小明 几点回家？
Xiǎomíng jǐ diǎn huí jiā

B: 小明 十二点一刻回家。
Xiǎomíng shí'èr diǎn yí kè huí jiā

A: 他们什么时候打篮球？
Tāmen shénme shíhou dǎ lánqiú

B: 他们六点四十打篮球。
Tāmen liù diǎn sìshí dǎ lánqiú

A: 你们晚上几点看电视？
Nǐmen wǎnshang jǐ diǎn kàn diànshì

B: 我们 晚上七点 三刻看电视。
Wǒmen wǎnshang qī diǎn sān kè kàn diànshì

A: 我们几点上课?
Wǒmen jǐ diǎn shàngkè

B: 我们九点差十分上课。
Wǒmen jiǔ diǎn chà shí fēn shàngkè

A: 现在已经八点三刻了?
Xiànzài yǐjīng bā diǎn sān kè le

B: 什么? 快跑。
Shénme kuài pǎo

课文 [kèwén] Text

李维 早上 六点 起床, 上午 八点 一 刻 上 课, 中午
Lǐ Wéi zǎoshang liù diǎn qǐchuáng shàngwǔ bā diǎn yí kè shàng kè zhōngwǔ
Li Wei morgen 6 Uhr aufstehen Vormittag 8 Uhr 1 Viertel haben Stunde mittag

十二点半 下课, 晚上 九 点 三 刻 睡觉。
shí'èr diǎn bàn xià kè wǎnshang jiǔ diǎn sān kè shuìjiào
12 Uhr halb Schulschluß abend 9 Uhr 3 Viertel schlafen

生词 [shēngcí] Vokabeln:

现在	xiànzài	*(Adj)*	jetzt
几点	jǐ diǎn		wie viel Uhr?
请	qǐng	*(V)*	bitten
问	wèn	*(V)*	fragen
谢谢	xièxie	*(V)*	danke
不客气	bú kèqi		Keine Ursache
时间	shíjiān	*(S)*	Zeit
时候	shíhou	*(S)*	Zeit(raum)
来	lái	*(V)*	kommen
半	bàn	*(ZW)*	halb
刻	kè	*(S)*	Viertelstunde
分	fēn	*(S)*	Minute
晚上	wǎnshang	*(S, Adv)*	Abend, abends
上课	shàngkè	*(V+S)*	zum Unterricht gehen
回家	huíjiā	*(V+S)*	nach Hause gehen
差	chà	*(Adv)*	vor (bei Zeitangaben)

已经	yǐjīng	*(Adv)*	schon
了	le	*(Pa)*	Verwendet hinter einem Verb, um eine vollzogene Handlung auszudrücken
快	kuài	*(Adv)*	schnell
跑	pǎo	*(V)*	laufen
起床	qǐchuáng	*(V)*	aufstehen
上午	shàngwǔ	*(S, Adv)*	Vormittag, vormittags
中午	zhōngwǔ	*(S, Adv)*	Mittag, mittags
下课	xiàkè	*(V+S)*	Unterricht aus

语法注解 [yǔfǎ zhùjiě] Grammatik

Der Unterschied zwischen 二 [èr: zwei] und 两 [liǎng: zwei]

Das Zeichen 二 wird bei Ordinalzahl verwendet.

例 lì Beispiel　　第二，明天二号。

Das Zeichen 两 wird bei Kardinalzahl verwendet, um die Menge zu beschreiben. Nach 两 ist ein ZEW notwendig.

例 lì Beispiel　　两个学生，两点，两本书。

Partikel 了 [le]

Die Partikel 了 hier ist ein Perfektsuffix, wird hinter einem Verb oder einem Satz verwendet, um eine vollzogene Handlung auszudrücken.

例 lì Beispiel　　已经八点三刻了。他起床了。

练习 [liànxí] Übung

1 拼音练习 [pīnyīn liànxí] – 四声 [sìshēng] – Übung mit den vier Tönen

xiān	xián	xiǎn	xiàn	现
diān		diǎn	diàn	点
jiān		jiǎn	jiàn	间
bān		bǎn	bàn	半
wān	wán	wǎn	wàn	晚
shāng		shǎng	shàng	上
chuāng	chuáng	chuǎng	chuàng	床

z	zuìjiǔ	zūnjìng	zǒusī	zǒngjié	zàijiàn
zh	zhùhè	zhǔnbèi	zhèyàng	zhǒngzhàng	zhànchǎng
c	cídiǎn	céngjīng	cānjiā	cóngqián	cáiliào
ch	chījīng	Chóngqìng	chǔcàng	chuānsuō	chǒngwù
s	sīsuǒ	sècǎi	sǔnshī	sōngshù	suǒyǐ
sh	shuāngshǒu	shēntǐ	shuāibài	shàngxué	shēngrì

2 读一读 [dú yi dú] – Lesen und Verstehen

现在几点	几点上课	几点睡觉	几点起床
四点一刻	七点十分	九点半	十一点三刻

3 看图回答问题 [kàn tú huídá wèntí] – Fragen beantworten

A: 现在几点?
B: ____________ 。

4 替换练习 [tìhuàn liànxí] – Dialogübung

高树八点半上课。

丽丽	七点一刻	起床
林纳	三点半	打球
安娜	四点三刻	读书
大卫	八点五十	看电视
小龙	十点四十	睡觉

你知道吗？ [Nǐ zhīdào ma] Gewusst?

农历 [nónglì] – Mondkalender

2010 贰零壹零 农历庚寅年					贰月 Februar	
星期日 So	星期一 Mo	星期二 Di	星期三 Mi	星期四 Do	星期五 Fr	星期六 Sa
	1 十八	2 十九	3 二十	4 立春 Frühlingsbeginn	5 廿二	6 廿三
7 廿四	8 廿五	9 廿六	10 廿七	11 廿八	12 廿九	13 除夕 chinesische Silvester
14 春节 Frühlingsfest	15 初二	16 初三	17 初四	18 初五	19 雨水 Regenwasser	20 初七
21 初八	22 初九	23 初十	24 十一	25 十二	26 十三	27 十四
28 元宵节 Laternenfest						

Der Mondkalender bzw. Lunarkalender ist ein am Verlauf der Mondphase orientierter Kalender und war der offizielle Kalender des chinesischen Kaiserreichs. Der Neumond fällt immer auf den ersten Tag eines Monats. Da ein Mondphasenzyklus im Durchschnitt 29,53 Tage dauert, ist ein Mondjahr mit 12 Mondmonaten ca. 354 Tage lang, also um ca. 11 Tage kürzer als das Sonnenjahr. Damit der Beginn des Mondjahres (chinesisches Neujahr) immer in dieselbe Jahreszeit (zwischen 21. Januar und 21. Februar) fällt, wird alle zwei oder drei Jahre ein dreizehnter Monat (Schaltmonat) eingeschoben.

Im Chinesischen ist der Mondkalender meist als 农历 [nónglì, „Bauernkalender"] bekannt. Weitere Bezeichnungen: 阴历 [yīnlì, „Mondkalender"], 旧历 [jiùlì, „Alter Kalender"), 夏历[xiàlì, „Kalender der Xia-Dynastie"], 黄历 [huánglì, „Kalender des Gelben Kaisers"] und 皇历 [huánglì, „Kaiserlicher Kalender"].

Im heutigen China wird der westliche Kalender 西历 [xīlì] (auch als „bürgerlicher Kalender 公历 [gōnglì] genannt) im alltäglichen Leben verwendet. Dennoch wird der Mondkalender im gesamten chinesischsprachigen Raum für die Berechnung traditioneller chinesischer Feiertage verwendet, beispielsweise für das „Frühlingsfest", das „Drachenbootfest" oder das „Mondfest".

Das Zeichen 半 [bàn] halb

Das Zeichen"半"setzt sich aus "八 [bā: trennen] " und "牛 [niú: Rind] " zusammen, und symbolisiert das Aufteilen eines Rindes in zwei Teile. Später erweitert sich seine Bedeutung zu: die Hälfte, in der Mitte ...

金文

小篆

隶书

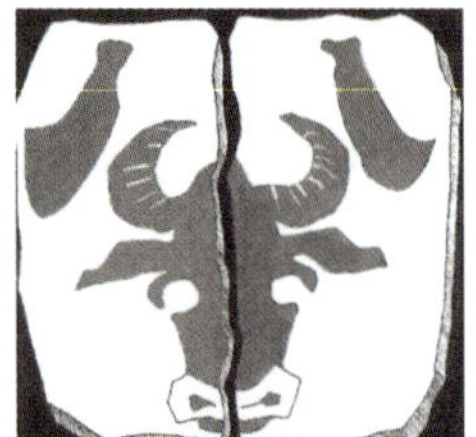

Quelle: 《语林趣话》

Quiz: (die richtige Variante ankreuzen)

A. Chinesisches Frühlingsfest ist am 01. 01. nach der Mondkalender ( )
B. Chinesisches Frühlingsfest ist am 01. 01. nach der westlichen Kalender ( )
C. Chinesisches Frühlingsfest ist am 01. 02. nach der westlicher Kalender ( )

你去哪儿？ Wohin gehst du?

对话 [duìhuà] Dialog

李维：我们今晚去看 电影，你去吗？
Lǐ Wéi Wǒmen jīnwǎn qù kàn diànyǐng nǐ qù ma

安娜：什么电影？
Ānnà Shénme diànyǐn

李维：《加勒比 海盗》。
Lǐ Wéi Jiālèbǐ hǎidào

安娜：听说不错，我和你们一起去。
Ānnà Tīngshuō bú cuò Wǒ hé nǐmen yìqǐ qù

李维：好，晚上七点 一刻在多瑙 电影院 门前见。
Lǐ Wéi Hǎo wǎnshang qī diǎn yí kè zài Duōnǎo diànyǐnyuàn ménqián jiàn

对话 [duìhuà] Dialog

大卫：你去哪儿？
Dàwèi Nǐ qù nǎr

马克：我去学校，你呢？
Mǎkè Wǒ qù xuéxiào nǐ ne

大卫：我去 商店 买点儿水果。
Dàwèi Wǒ qù shāngdiàn mǎi diǎnr shuǐguǒ

马克：下午你去上 汉语课 吗？
Mǎkè Xiàwǔ nǐ qù shàng Hànyǔ kè ma

大卫：去。下午见。
Dàwèi Qù Xiàwǔ jiàn

马克：再见。
Mǎkè Zàijiàn

8 你去哪儿？ Wohin gehst du?

对话 [duìhuà] Dialog

石大海：我明天上午九点到维也纳。
Shí Dàhǎi Wǒ míngtiān shàngwǔ jiǔ diǎn dào Wéiyěnà

大卫：好，我去机场接你。
Dàwèi Hǎo Wǒ qù jīchǎng jiē nǐ

石大海：我坐火车去。
Shí Dàhǎi Wǒ zuò huǒchē qù

大卫：那我去火车站接你。
Dàwèi Nà wǒ qù huǒchēzhàn jiē nǐ

课文 [kèwén] Text

我们 今天 晚上 一起 去 看 电影《加勒比海盗》。
Wǒmen jīntiān wǎnshang yìqǐ qù kàn diànyǐng Jiālèbǐ hǎidào
Wir heute Abend zusammen gehen sehen Film „Fluch der Karibik“

李维坐 地铁 去，安娜开车去，小龙 准备 骑 自行车去。
Lǐ Wéi zuò dìtiě qù Ānnà kāichē qù Xiǎolóng zhǔnbèi qí zìxíngchē qù
Li Wei fahren U-Bahn hin Anna fahren Auto hin Xiaolong planen fahren Fahrrad hin

可是，他的自行车不见了。
Kěshì tā de zìxíngchē bú jiàn le
Aber sein Fahrrad nicht sehen

生词 [shēngcí] Vokabeln:

去	qù	*(V)*	hingehen
哪儿	nǎr	*(FPr)*	wo
电影	diànyǐng	*(S)*	Film
《加勒比 海盗》	„Jiā lè bǐ hǎi dào“	*(EN)*	„Fluch der Karibik“
听说	tīngshuō	*(V)*	vom Hören sagen
错	cuò	*(Adj)*	schlecht, falsch
一起	yìqǐ	*(Adv)*	zusammen
在	zài	*(V)*	sich befinden
多瑙	Duōnǎo	*(EN)*	Donau
电影院	diànyǐngyuàn	*(S)*	Kino
门	mén	*(S)*	Tür
前	qián	*(Präp)*	vor

学校	xuéxiào	(S)	Schule
商店	shāngdiàn	(S)	Laden, Geschäft
买	mǎi	(v)	kaufen
（一）点儿	(yì) diǎnr	(Adv)	ein bisschen, etwas
水果	shuǐguǒ	(S)	Obst
到	dào	(V)	ankommen, erreichen
维也纳	Wéiyěnà	(EN)	Wien
机场	jīchǎng	(S)	Flughafen
接	jiē	(V)	abholen
坐	zuò	(V)	sitzen
火车	huǒchē	(S)	Zug
火车站	huǒchēzhàn	(S)	Bahnhof
地铁	dìtiě	(S)	U-Bahn
开车	kāichē	(V+S)	Auto fahren
准备	zhǔnbèi	(V)	vorhaben, vorbereiten
骑	qí	(V)	reiten
自行车	zìxíngchē	(S)	Fahrrad

语法注解 [yǔfǎ zhùjiě] Grammatik

Fragepronomen 哪儿、哪里 [nǎr, nǎlǐ] wo

Mit diesen Fragewörtern wird nach Orten gefragt. Sie stehen immer dort, wonach gefragt wird.

例 lì Beispiel 你在哪儿？他去哪里？
Wo bist du?/Wohin geht er?

Finalsatz 连谓句 [liánwèijù]

Ein Satz kann zwei Verben bzw. verbale Phrasen beinhalten.

例 lì Beispiel 她去商店买水果。
Sie geht ins Geschäft Obst kaufen

我们去打篮球。
Wir gehen Basketball spielen.

unbestimmter Artikel 一点儿 [yì diǎnr]

一点儿 dient als unbestimmter Artikel, und wird als Attribut vor dem Objekt verwendet: 一点儿 + Objekt = etwas + Objekt

例 lì Beispiel 我要一点儿水果。
Ich möchte ein bisschen Obst kaufen

Manchmal kann 一 weggelassen werden.

例 lì Beispiel 喝点儿水，买点儿水果
Ein bisschen Wasser trinken./Ein bisschen Obst kaufen

练习 [liànxí] Übung

1 拼音练习 [pīnyīn liànxí] – 四声 [sìshēng] – Übung mit den vier Tönen

chāng	cháng	chǎng	chàng
jiē	jié	jiě	jiè
nā	ná	nǎ	nà
wū	wú	wǔ	wù
yuān	yuán	yuǎn	yuàn
zuō	zuó	zuǒ	zuò

场	唱
接	姐
哪	纳
午	五
远	院
昨	坐

r	Rìběn	rènzhēn	rěnnài	rónghuà	rànglù
y	yǐngxiǎng	yǒuhǎo	yuǎnshuài	yóuyǒng	yuánquán
w	wāyǒng	wèikǒu	wénhuà	wàngjì	wàiguó
儿化韵	yí huìr	qùnǎr	yìdiǎnr	xiǎohuǒr	hǎowánr

2 读一读 [dú yi dú] – Lesen und Verstehen

回家	回学校	回北京	回德国
坐火车	坐汽车	坐飞机	坐出租车
去哪儿	去机场	去火车站	去中国
去打球	去睡觉	去看电影	去上学
去机场接人	去学校上课	去中国学汉语	去公司上班
明天见	晚上见	五点见	车站见
开车去	坐火车去	坐飞机去	坐地铁去

3 完成下列对话 [wánchéng xiàliè duìhuà] – Dialoge vervollständigen

(1) A：我们去看电影，你去吗？
B：好，我和你们________。
A：我们在哪儿见面？
B：________在多瑙电影院________。

七点半
门前见
一起去

(2) A：我弟弟明天去苏黎世 [Sūlíshì: zürich]。
B：他坐火车去吗？
A：不，他________去。

坐飞机
坐火车
开车

4 替换练习 [tìhuàn liànxí] – Dialogübung

(1) A: 你去哪儿?

B: 我去医院。

机场
北京
维也纳

(2) A: 爸爸去哪儿?

B: 他去维也纳。

A: 他怎么去?

B: 他坐火车去。

王先生	柏林	坐飞机
张医生	北京	坐火车
林老师	汉堡	坐出租车
Hans	机场	开车
你哥哥	商店	走路

5 选词填空 [xuǎn cí tiánkòng] – Passende Wörter einsetzen

(1) 下班 公司 一起 很多 买点儿

姐姐上午八点去__________上班，下午五点__________。她去商店__________水果。晚上我和姐姐__________坐地铁去看电影。看电影的人__________，我很喜欢看电影。

(2) 德国 火车 明天

我哥哥__________去德国。他不坐__________，他开车去。下个月我准备坐火车去__________看他。

(3) 准备 接 名字 认识 到

石大海明天上午九点________维也纳，大卫__________去机场______他。大卫不__________石大海，他准备写石大海的__________。

你知道吗？ [Nǐ zhīdào ma] Gewusst?

Wo liegt China?

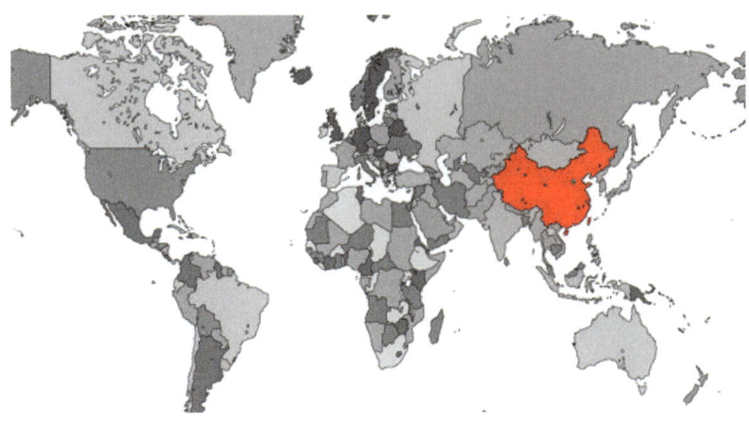

Die Volksrepublik China liegt im Osten des eurasischen Kontinents und an der Westküste des Pazifischen Ozeans. Sie hat eine Fläche von etwa 9 600 000 Quadratkilometer und ist das drittgrößte Land der Welt, nach Russland und Kanada. Von Norden nach Süden erstreckt sich das Territorium Chinas über eine Distanz von 5 500 km, von der Mitte des Heilong Flusses nördlich der Stadt Mohe bis zum Zengmu Riff an der südlichsten Spitze der Nansha-Inseln. Die Ost-West Ausdehnung des Landes beträgt insgesamt etwa 5 200 km, vom Heilong Fluss bis zum Wusuli Fluss im Pamirgebirge.

Das chinesische Festland ist im Westen gebirgig, während es im Osten flach verläuft.

Die chinesische Festlandgrenze beträgt 22 800 km, die Nachbarländer sind im Osten Nordkorea, im Norden die Mongolei, im Nordosten Russland, im Nordwesten Kasachstan, Kirgisistan, Tadschikistan, im Westen und Südwesten Afghanistan, Pakistan, Indien, Nepal, Bhutan und im Süden Myanmar, Laos und Vietnam. Betrachtet man die Seegrenze, sind im Osten und Südosten Südkorea, Japan, die Philippinen, Brunei, Malaysia und Indonesien Nachbarn.

Quiz: (die richtige Variante ankreuzen)

A. Chinas Nachbarländer sind: Singapur, Russland, Australien ( )
B. Chinas Nachbarländer sind: Japan, Russland, Südkorea ( )
C. Chinas Nachbarländer sind. Vietnam, Malaysia, die Philippinen ( )

明天天气怎么样？
Wie ist das Wetter morgen?

9

对话 [duìhuà] Dialog

王芳：明天 天气怎么样？
Wáng Fāng Míngtiān tiānqì zěnmeyàng

妈妈：明天下雨、刮风，你带上雨衣吧。
Māma Míngtiān xià yǔ guāfēng nǐ dàishang yǔyī ba

王芳：我不喜欢春天，春天
Wáng Fāng Wǒ bù xǐhuān chūntiān chūntiān

常常 刮风。我喜欢夏天。
chángcháng guāfēng Wǒ xǐhuān xiàtiān

妈妈：夏天 太热了。
Māma Xiàtiān tài rè le

对话 [duìhuà] Dialog

小龙：奥地利的冬天 很冷。
Xiǎolóng Àodìlì de dōngtiān hěn lěng

安娜：是，可是滑雪很有趣。
Ānnà Shì kěshì huáxuě hěn yǒuqù

你会滑雪吗？
Nǐ huì huáxuě ma

小龙：当然 会 了！
Xiǎolóng Dāngrán huì le

看我的……啊！
Kàn wǒ de Ā

（小龙 摔倒了）。
Xiǎolóng shuāidǎo le

明天天气怎么样？ Wie ist das Wetter morgen?

课文 [kèwén] Text

今天三月十七日，星期四，晴，有风，最高气温
Jīntiān sān yuè shíqī rì xīngqī sì qíng yǒu fēng zuì gāo qìwēn
Heute 3. Monat 17. Tag Donnerstag heiter windig höchste Temperatur

十五度，最低气温六度。
shíwǔ dù zuì dī qìwēn liù dù
15 Grad tiefste Temperatur 6 Grad

北京的夏天很热，冬天很冷，春天常常刮风、
Běijīng de xiàtiān hěn rè dōngtiān hěn lěng chūntiān chángcháng guāfēng
Beijing (Pa) Sommer sehr heiß Winter sehr kalt Frühling oft wehen Wind

下雨。北京的秋天最美，不冷也不热。
xiàyǔ Běijīng de qiūtiān zuì měi bù lěng yě bú rè
regnen Beijing (Pa) Herbst sehr schön nicht kalt auch nicht warm

生词 [shēngcí] Vokabeln:

天气	tiānqì	(S)	Wetter
怎么样	zěnmeyàng	(FPr)	wie. Wird auch als Frage nach dem Befinden verwendet
下雨	xià yǔ	(V)	regnen
刮风	guāfēng	(V)	Wind wehen
带	dài	(V)	mitbringen, mitnehmen, bei sich haben
雨衣	yǔyī	(S)	Regenmantel
吧	ba	(Pa)	Modalpartikel für einen Vorschlag, oder eine Bitte um Zustimmung
春天	chūntiān	(S)	Frühling
常常	chángcháng	(Adv)	oft, häufig
夏天	xiàtiān	(S)	Sommer
太	tài	(Adv)	(viel) zu, sehr
热	rè	(Adj)	heiß
冬天	dōngtiān	(S)	Winter
冷	lěng	(Adj)	kalt
可是	kěshì	(K)	aber
滑雪	huáxuě	(V)	Ski laufen
有趣	yǒuqù	(Adj)	interessant, unterhaltsam
会	huì	(V, MV)	können

当然	dāngrán	*(Adv)*	selbstverständlich, klar
摔倒	shuāi dǎo	*(V)*	hinfallen
晴	qíng	*(Adj)*	klar, heiter
最	zuì	*(Adv)*	am meisten, äußerst, maximal (Superlativ)
气温	qìwēn	*(S)*	(Luft)Temperatur
度	dù	*(ZEW)*	Grad, ZEW für Temperatur
低	dī	*(adj)*	nieder, niedrig
秋天	qiūtiān	*(S)*	Herbst
美	měi	*(Adj)*	schön, hübsch

语法注解 [yǔfǎ zhùjiě] Grammatik

Modalpartikel 吧 [ba]

Durch Anhängen des Modalpartikels 吧 am Satzende wird eine freundliche Aufforderung, eine Bitte oder ein Vorschlag ausgedrückt.

例 lì Beispiel　　你带上雨伞吧。

Adverb 太 [tài]

太 wird vor Adjektiven verwendet und drückt einen sehr hohen oder einen übermäßigen Grad aus. Meist wird es gemeinsam mit der Modalpartikel 了 verwendet.

例 lì Beispiel　　太热了。　太大了。　太早了。

Bei Verneinung erhält der Satz je nach Positionen des Wortes 不 vor oder nach dem Adverb 太 unterschiedliche Bedeutung.

例 lì Beispiel　　不太喜欢：nicht sehr mögen
　　　　　　　　太不喜欢：überhaupt nicht mögen

Modalpartikel 了 [le]

Durch die Verwendung des Modalpartikels 了 wird dem Satz emotionale Ausdruckskraft verliehen. Der Modalpartikel steht immer am Satzende und wird nur in bestätigenden Sätzen verwendet.

例 lì Beispiel　　太热了。　太好了。　当然会了。

Adjektive 形容词 [xíngróngcí]

Die Adjektive im Chinesischen haben keine Steigerungsformen. Die Steigerungen werden durch die Verwendung von Adverbien verdeutlicht.

例 lì Beispiel

大	好	冷	Positiv
很大	很好	很冷	(sehr) - Komparativ
最大	最好	最冷	Superlativ

9 明天天气怎么样？ Wie ist das Wetter morgen?

练习 [liànxí] Übung

1 拼音练习 [pīnyīn liànxí] – 四声 [sìshēng] – Übung mit den vier Tönen

bā	bá	bǎ	bà	ba
chāng	cháng	chǎng	chàng	
dōng		dǒng	dòng	
	méi	měi	mèi	
qiū	qiú	qiǔ		
qū	qú	qǔ	qù	
xiā	xiá		xià	
xuē	xué	xuě	xuè	
yī	yí	yǐ	yì	
yū	yú	yǔ	yù	

八	爸	吧	
常	场		
冬	动		
美	没	妹	
球	秋		
去	趣		
下	夏		
学	雪		
一	衣	医	已
语	雨		

轻声

rènshi	shénme	xiānsheng	xǐhuan	duōsuo	shāngliang
mèimei	pútao	zhàngpeng	péngyou	luóbo	xiāoxi

j	jiānqiáng	jiāoqì	jīxù	jiǒngrán	jǐnzhāng
q	qiánxiàn	qǐngjià	qíngjǐng	qióngkǔ	quèqiè
x	xiànjǐng	xuǎnjǔ	qiǎngxiǎn	xiōngxiǎn	xìngqù

2 读一读 [dú yi dú] – Lesen und Verstehen

冬天冷
夏天热
春天刮风
秋天不冷也不热

下雨
下雪
晴天
刮大风

雨衣

雨伞

3 看图回答问题 [kàn tú huídá wèntí] – Fragen beantworten

明天天气怎么样？

 你知道吗? [Nǐ zhīdào ma] Gewusst?

Das Klima in China

Es gibt große Temperaturunterschiede zwischen den einzelnen Gebieten in Nord- und in Südchina. Von April bis September kommt der warme und feuchte Wind von Osten und Süden. In dieser Zeit wird ganz China vom warmen und regenreichen Klima beherrscht, die Temperaturunterschiede zwischen Nord-und Südchina sind gering.

China kann in sechs Temperaturzonen eingeteilt werden, in die äquatoriale Zone, die tropische Zone, die subtropische Zone, die warm-gemäßigte Zone, die gemäßigt, und die kalt-gemäßigte Zone. Niederschlagsmengen nehmen von den südöstlichen Küstengebieten bis zum nordwestlichen Hinterland allmählich ab, und die durchschnittliche jährliche Niederschlagsmenge variiert von Ort zu Ort. In südöstlichen Küstengebieten erreicht sie über 1.500 mm, während sie im Nordwesten auf unter 200 mm sinkt.

In den Hochgebirgen im Westen Chinas überwiegt das Winterwetter, die Erde ist immer mit Schnee und Eis bedeckt (Permafrost), während im Süden Chinas das äquatoriales Klima herrscht.

Quiz: (die richtige Variante ankreuzen)

你认识这种水果吗? Kennst du dieses Obst?

A. 木瓜(mùguā) Papaya ( )
B. 榴莲(liúlián) Durian ( )
C. 菠萝蜜(bōluómì) Jackfrucht ( )

10 你住哪儿？ Wo wohnst du?

对话 [duìhuà] Dialog

大卫： 大海，你好！我是大卫。
Dàwèi Dàhǎi nǐ hǎo Wǒ shì Dàwèi

石大海： 啊，大卫！你在哪儿？
Shí Dàhǎ À Dàwèi Nǐ zài nǎr

大卫： 我今天下午刚到北京，
Dàwèi Wǒ jīntiān xiàwǔ gāng dào Běijīng

住在北京大酒店。
zhù zài Běijīng Dàjiǔdiàn

石大海： 太好了！我晚上 七点去酒店看你。
Shí Dàhǎ Tài hǎo le Wǒ wǎnshang qī diǎn qù jiǔdiàn kàn nǐ

大卫： 好，你给我打电话。我的号码是：5469 082。
Dàwèi Hǎo nǐ gěi wǒ dǎ diànhuà wǒ de hàomǎ shì wǔ sì liù jiǔ líng bā èr

石大海： 晚上 见。
Shí Dàhǎ Wǎnshang jiàn

对话 [duìhuà] Dialog

马兰： 大卫，你住在哪儿？
Mǎ Lán Dàwèi Nǐ zhùzài nǎr

大卫： 我住在第九区，
Dàwèi Wǒ zhù zài dì liù qū

贝多芬街。你呢？
Bèiduōfēn jiē Nǐ ne

马兰： 我住八区，就在前面。
Mǎ Lán Wǒ zhù bā qū jiù zài qiánmiàn

大卫： 那我送你回家吧，开车很快。
Dàwèi Nà wǒ sòng nǐ huí jiā ba kāichē hěn kuài

马兰： 那太好了。谢谢你。
Mǎ Lán Nà tài hǎo le Xièxie nǐ

对话 [duìhuà] Dialog

马老师：你找谁？
Mǎ lǎoshī Nǐ zhǎo shuí

安娜：请问，林老师在这儿吗？
Ānnà Qǐngwèn Lín lǎoshī zài zhèr ma

马老师：她不在。她在二层二一六号教室上课。
Mǎ lǎoshī Tā bú zài Tā zài èr céng èr yāo liù hào jiàoshì shàngkè

安娜：谢谢您！
Ānnà Xièxie nín

马老师：不客气！
Mǎ lǎoshī Bú kèqi

课文 [kèwén] Text

林老师 从 中国 来，现在是维也纳大学 的 汉语
Lín lǎoshī cóng zhōngguó lái xiànzài shì Wéiyěnà Dàxué de Hànyǔ
Lin Lehrerin von China kommt jetzt ist Wiener Universität (PA) chinesische

老师。她的办公室 在二 层 二零八房间。她的电话 号码
lǎoshī Tā de bàngōngshì zài èr céng èr líng bā fángjiān Tā de diànhuà hàomǎ
Lehrerin Ihr Büro ist in 2. Stock 2 0 8 Raum Ihre Telefonnummer

是0 6 7 6 3 2 0 6 5 8 7。林老师 很喜欢她的工作。
shì líng liù qī liù sān èr líng liù wǔ bā qī Lín lǎoshī hěn xǐhuān tā de gōngzuò
ist Lin Lehrerin sehr mag ihre Arbeit

生词 [shēngcí] Vokabeln:

住	zhù	(V)	(be-)wohnen
刚	gāng	(Adv)	gerade, eben
北京	Běijīng	(EN)	Beijing (Peking)
酒店	jiǔdiàn	(S)	Hotel-Restaurant
给	gěi	(Pr)	für, zu Gunsten
电话	diànhuà	(S)	Telefon

号码	hàomǎ	(S)	Nummer
第	dì	(Pr)	Präfix für Ordinalzahl
区	qū	(S)	Bezirk, Zone
贝多芬	Bèiduōfēn	(EN)	Beethoven
街	jiē	(S)	Straße, Gasse
就	jiù	(Adv)	eben, genau, sofort, dann, nur
前面	qiánmian	(S)	vorne, Vorderseite
那	nà	(Adv)(Pr)	dann, also, jenes
送	sòng	(V)	schenken, jn. begleiten
找	zhǎo	(V)	suchen
层	céng	(S)(ZEW)	Stockwerke oder Schichten
教室	jiàoshì	(S)	Klassenzimmer
大学	dàxué	(S)	Universität
办公室	bàngōngshì	(S)	Büro
工作	gōngzuò	(S)	Arbeit
房间	fángjiān	(S)	Zimmer, Raum

语法注解 [yǔfǎ zhùjiě] Grammatik

一 in der Umgangsprache

In der Umgangsprache wird 一 bei Zimmer- oder Telefonnummern oft als [yāo] gesprochen.

Verb 看 [kàn]

看 hat mehrere Bedeutungen, hier bedeutet 看 besuchen.

例 lì Beispiel　　去酒店看你

Andere Bedeutungen sind: sehen （例：看电视） und lesen （看书）.

Verb 在 [zài] + Ortsangabe

In diesem Zusammenhang bedeutet 在 „sich befinden“ oder „anwesend sein“.

例 lì Beispiel　　他在吗？　Ist er da (anwesend)?
　　　　　　　　他不在。　Er ist nicht da (anwesend).

Ortsangaben, wie Länder, Städte und Institutionen können direkt als Objekt hinter 在 stehen.

例 lì Beispiel　　他在中国。王芳在学校。

Präposition (für) bzw. Dativ-Partikel 给 [gěi]

In der Struktur 给 + Personen/Sache + Verb + …

bedeutet 给 für oder mit.

例 lì Beispiel　　他给我打电话。

Position der Zeitangabe im Satz

Die Zeitangabe steht normalerweise hinter dem Subjekt und vor dem Verb, aber wenn die Zeitangabe betont wird, kann sie auch vor dem Subjekt stehen.

例 lì Beispiel　我今天下午刚到北京。/ 我晚上七点去酒店看你。
今天下午我刚到北京。/ 晚上七点我去酒店看你。

In Sätzen, die Bezug auf das Wetter nehmen, stehen die Zeitangaben immer am Satzanfang.

例 lì Beispiel　明天天气怎么样？/ 明天下雨。

ZEW 层 [céng]

二层 bedeutet auf Deutsch 1. Obergeschoß, und Erdgeshoß heißt auf Chinesisch 一层.

练习 [liànxí] Übung

1 拼音练习 [pīnyīn liànxí] – 四声 [sìshēng] – Übung mit den vier Tönen

bēi		běi	bèi		北	备	
dī	dí	dǐ	dì		第	地	弟
huā	huá		huà		话	滑	
huī	huí	huǐ	huì		回	会	
jiū		jiǔ	jiù		酒	就	九
mā	má	mǎ	mà	ma	码	吗	妈
nā	ná	nǎ	nà		那	哪	纳
qiān	qián	qiǎn	qiàn		前	千	
qū	qú	qǔ	qù		区	趣	去
	rén	rěn	rèn		任	人	认
zhū	zhú	zhǔ	zhù		住	祝	
zuō	zuó	zuǒ	zuò		作	昨	坐

guǎnggào	lánlǐng	bǎipāi	bǎobèi	tàntǎo
dàodá	mǎimài	kākǒu	Hónghǎi	zàozhǐ
kuàngkè	jiějué	yáoyuǎn	qiángquán	xiāngxìn
cíchǎng	shěnshì	rěnràng	wúwéi	nániē

2 读一读 [dú yi dú] – Lesen und Verstehen

太好了　太早了　太高兴了　太可爱了

天气太冷了　夏天太热了　风太大了　温度太低了

在学校　在酒店　在机场　在电影院

住在八区　住在德国　住在朋友家

3 替换练习 [tìhuàn liànxí] – Dialogübung

A: 安娜，你住在哪儿?
B: 我住在北京。

马克 / 大卫 / 汉斯(Hànsī)
柏林 (Bólín Berlin) / 维也纳 / 日内瓦(Rìnèiwǎ Genf)

A: 那里的天气怎么样?
B: 冬天________，夏天________。
秋天________。

冷 / 热 / 下雨 / 下雪
常常刮风 / 不冷也不热

4 看图回答问题 [kàn tú huídá wèntí] – Fragen beantworten

妈妈在哪儿?

安娜在哪儿?

弟弟在哪儿?

小龙在哪儿?

大卫在哪儿?

马兰在哪儿?

你知道吗? [Nǐ zhīdào ma] Gewusst?

Aufbau der chinesischen Zeichen und deren Bedeutung

Es gibt vier verschiedene Möglichkeiten, wie chinesische Schriftzeichen aufgebaut sein können.
Piktogramm: das Zeichen stellt ein Bild dar, wie z.B.:

瓜	月	井	目	网
Melone	Mond	Brunnen	Auge	Netz

Indikator: das Zeichen drückt eine Vorstellung aus. Z.B. das Zeichen 一 für „eins" ist ein einfacher Strich. Weitere Beispiele：上 [shàng] oben、下 [xià] unten, die kleinen Striche bzw. der Punkt in diesen zwei Zeichen bedeuten „oben" oder „unten".

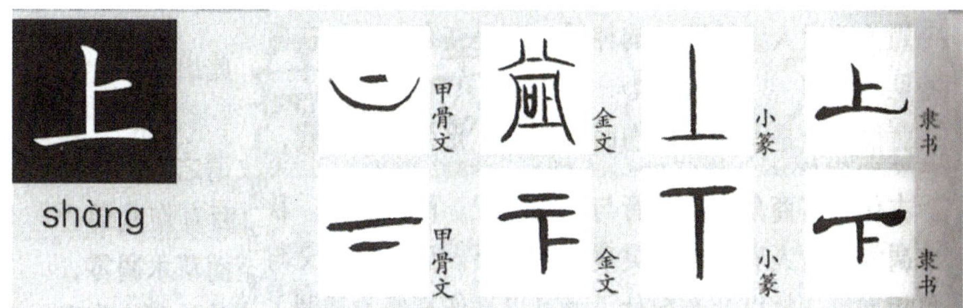

Ideogramm: zur Erweiterung der Schriftsprache wurden aus mehreren Piktogrammen und/oder Indikatoren neue Schriftzeichen gebildet, einige Beispiele

女+子 → 好；日+月 → 明

Phonogramme: Es wurde oft die Bedeutung eines Schriftzeichens mit dem Laut eines anderen kombiniert. So entstanden Phonogramme. Ein Teil des Schriftzeichens legt die Aussprache fest, der andere Teil weist auf die Bedeutung hin.

妈 [mā]	→	女	+	马 [mǎ]
Mutter		Frauen-bezogen		gibt den Ton an
期 [qī]	→	月	+	其 [qí]
Periode		Mond-bezogen		gibt den Ton an

Solcher bedeutungshinweisender Teil wird auch meistens 偏旁([piānpáng] Radikalgenannt). Es gibt über 200 Radikale. Sie sind meistens Piktogramme oder Ideogramme, wie z.B. 氵 (auf Wasser bezogen); 讠 (auf Sprache/sprechen bezogen); 忄 (auf Herz bezogen); 日 (auf Sonne bezogen); 饣 (auf Essen bezogen); 足 (auf Fuß bezogen); 虫 (auf Insekt bezogen); 火 (auf Feuer bezogen); 衤 (auf Bekleidung bezogen).

Etwa 90% der Schriftzeichen sind Phonogramme.

Quiz: (das passende Zeichen mit der richtigen Bedeutung verbinden)

泡 [pào]		Robe	清 [qīng]		Libelle
饱 [bǎo]		laufen	请 [qǐng]		sauber
跑 [pǎo]		satt	情 [qíng]		heiter
袍 [páo]		Kanone	晴 [qíng]		bitte
炮 [pào]		einweichen	蜻 [qīng]		Gefühl

小结 xiǎojié – Zusammenfassung

地点 [dìdiǎn] Ortsangabe

你去哪儿？/你去哪里？ 我去学校。
王芳明年去中国。 李维晚上去看电影。

爱好 [àihào] Hobby

他喜欢打球，还喜欢听音乐。
马兰不喜欢运动，她爱看电视。

时间 [shíjiān] Zeit

现在几点？ 现在已经七点半了。
医生什么时候来？ 他两点半来。
小明中午几点回家？ 小明中午十二点一刻回家。
他们九点三刻去看电影。 我们约好差五分十一点见面。

天气 [tiānqì] das Wetter

明天天气怎么样？
明天刮风、下雨。今天晴天。
冬天冷，夏天热，秋天刮风，春天不冷也不热。

住所 [zhùsuǒ] Wohnort

你住哪儿？
我住第六区。他住在酒店。

交通工具 [jiāotōng gōngjù] Verkehrsmittel

李维怎么去机场？ 他坐地铁去。
阿爸开车去上班。 我骑自行车去学校。

句型总结 [jùxíng zǒngjié] - Satzmuster im Überblick

句型 [jùxíng] Satzmuster	例句 [lìjù] Beispiel
……，也……。	李维喜欢打篮球，也喜欢打排球。
……正在……	王芳正在看书。
……只有……	我没有狗，只有一只猫。
……几点……？	现在几点？
	你们几点上课？
……什么时候……？	医生什么时候来？
……哪儿/哪里……	你在哪儿？
去＋地点（去＋Ort）	他去哪里？
	我们去机场。
去＋动词（去＋V）	他去商店买东西。
一点儿	我买一点儿水果。
……怎么……？	李维怎么去机场？
	他坐地铁去。
	你会滑雪吗？
……会……。	他会打球。
……给……。	你给我打电话。
……怎么样……？	明天天气怎么样？
太……了	夏天太热了。
	中国太大了。
不……也不……	秋天不冷也不热。
	苹果不大也不小。
住（在）＋地点	他住在北京。
	李维住在第六区。

11 饺子好吃吗? Schmecken dir Jiaozi?

对话 [duìhuà] Dialog

服务员：你们想吃点儿什么？
Fúwùyuán Nǐmen xiǎng chī diǎnr shénme

李维：我要一份饺子。
Lǐ Wéi Wǒ yào yí fèn jiǎozi

安娜：饺子好吃吗？
Ānnà Jiǎozi hǎo chī ma

李维：很好吃，你尝尝。
Lǐ Wéi Hěn hǎo chī nǐ chángchang

安娜：好，我也要一份饺子。
Ānnà Hǎo wǒ yě yào yí fèn jiǎozi

对话 [duìhuà] Dialog

王芳：你们喝点儿什么？我这里有茶、矿泉水、果汁和可口可乐。
Wáng Fāng Nǐmen hē diǎnr shénme Wǒ zhèli yǒu chá kuàngquánshuǐ guǒzhī hé kěkǒukělè

李维：我喝茶。
Lǐ Wéi Wǒ hē chá

王芳：你要红茶还是要绿茶？
Wáng Fāng Nǐ yào hóngchá háishi yào lǜchá

李维：我要一杯绿茶。
Lǐ Wéi Wǒ yào yì bēi lǜchá

王芳：安娜，你喝点儿什么？
Wáng Fāng Ānnà nǐ hē diǎnr shénme

安娜：我要一瓶可口可乐。
Ānnà Wǒ yào yì píng kěkǒukělè

对话 [duìhuà] Dialog

高树：麻婆豆腐好吃吗？
Gāo Shù Mápó dòufu hǎo chī ma

林达：不错，就是有点儿辣。
Líndá Bú cuò jiù shì yǒu diǎnr là

高树：四川菜的特点就是又麻又辣。你吃点儿米饭吧。
Gāo Shù Sìchuān cài de tèdiǎn jiù shì yòu má yòu là Nǐ chī diǎnr mǐfàn ba

课文 [kèwén] Text

林达喜欢吃 中国 饭。她爱 吃 饺子，也爱 吃 面条和
Líndá xǐhuān chī Zhōngguó fàn Tā ài chī jiǎozi yě ài chī miàntiáo hé
Linda mag essen chinesisches Essen Sie liebt essen Jiaozi auch liebt essen Nudeln und

包子。绿茶 是她 最 喜欢的 饮料。
bāozi Lǜchá shì tā zuì xǐhuān de yǐnliào
Baozi Grüner Tee ist ihr am meisten gern haben (PA) Getränk

生词 [shēngcí] Vokabeln:

饺子	jiǎozi	(S)	gefüllte Teigtasche (gekocht oder gebraten)
吃	chī	(V)	essen
想	xiǎng	(MV)	wollen, wünschen
要	yào	(V)	wollen, erfordern
份	fèn	(ZEW)	Portion
喝	hē	(V)	trinken
茶	chá	(S)	Tee
矿泉水	kuàngquánshuǐ	(S)	Mineralwasser
果汁	guǒzhī	(S)	Saft
可口可乐	kěkǒukělè	(S)	Coca-Cola

生词 [shēngcí] Vokabeln:

红	hóng	(Adj)	rot
绿	lǜ	(Adj)	grün
杯	bēi	(ZEW)	Becher
瓶	píng	(ZEW)	Flasche
麻婆豆腐	Mápó dòufu	(EN)	ein scharfes Tofu-Gericht
就是	jiù shì	(Adv)	eben, genau
辣	là	(Adj)	scharf, pikant
四川	Sìchuān	(S)	Sichuan
特点	tèdiǎn	(S)	Besonderheit, Eigenart
又	yòu	(Adv)	erneut, wieder
麻	má	(Adj)	taub, Geschmack des chin. Blütenpfeffers
米饭	mǐfàn	(S)	Reis
饭	fàn	(S)	Essen, Mahlzeit
面条	miàntiáo	(S)	Nudel
包子	bāozi	(S)	gedämpfte Teigtasche (aus Hefeteig)
饮料	yǐnliào	(S)	Getränk

语法注解 [yǔfǎ zhùjiě] Grammatik

Verdopplung von Verben, wie 尝尝 [chángchang]

Zur Abschwächung ihrer Bedeutung werden Verben verdoppelt. So wird ausgedrückt, dass eine Handlung nur kurz oder probeweise geschieht. Häufig dient die Doppelverwendung des Verbs dazu, in höflicher, entspannter Weise eigene Wünsche auszudrücken.

例 lì Beispiel　　你尝尝。/ 你听听。/ 我看看。

Umwandlung von Verben in Adjektive

Durch die Voranstellung bestimmter Adjektive wie z.B. 好 oder 不好 lassen sich Verben in Adjektive umwandeln.

例 lì Beispiel　　吃 → 好吃　不好吃

essen　lecker　nicht lecker

Modalverb 想 [xiǎng]

想 als Modalverb bedeutet „wollen, möchten", es wird zusammen mit anderen Verben verwendet.

例 lì Beispiel　　想吃、想睡、想唱歌

Als Verb bedeutet es 想 „denken", „vermissen".

例 lì Beispiel　　我想她。

Adverb 再 [zài]

"我也要一份饺子，再要一个面包。" 再 noch, zusätzlich.

Adverb 又 [yòu] wieder

Die Grammatikstruktur "又 + Verb/Adjektiv + 又 + Verb/Adjektiv" bedeutet: nicht nur, sondern auch.

例 lì Beispiel 又高又大
nicht nur groß (in Bezug auf die Körpergröße), sondern auch groß (im Sinne von kräftig)
又麻又辣
nicht nur taub, sondern auch scharf

Alternativfrage mit 还是 [háishì] oder

还是 wird verwendet, um die Alternativefrage zu stellen (A oder B).

例 lì Beispiel 你要这件还是(要)那件？
她是学生还是老师？

练习 [liànxí] Übung

1 拼音练习 [pīnyīn liànxí] – 四声 [sìshēng] – Übung mit den vier Tönen

bēi		běi	bèi	杯 北 备
chā	chá	chǎ	chà	茶 差
fēn	fén	fěn	fèn	分 份
hē	hé		hè	喝 和
jiāo	jiáo	jiǎo	jiào	觉 饺
zī		zǐ	zì	字 子 自

ānquán	Ōuzhōu	àihào	áoxiáng	áidǎ
lǚxíng	nǚshēng	nüèdài	lǜchá	lǐnglüè
gǎn'ēn	jī'è	lián'ǒu	àonǎo	ǒuxiàng
kǎoròu	rúguǒ	ānpái	rěnràng	xiōng'è

2 读一读 [dú yi dú] – Lesen und Verstehen

好吃
很好吃
饺子很好吃

喝茶
喝绿茶
喜欢喝绿茶

吃米饭还是吃面条
喝红茶还是喝绿茶
喝牛奶还是喝可乐

3 替换练习 [tìhuàn liànxí] – Dialogübung

（1）A: 你想喝点儿什么？
B: 我要________。

一瓶可口可乐
一杯果汁
一杯咖啡 kāfēi; Kaffee

(2) A: 你想吃点儿什么?

B: 我要________________。

十五个饺子
一份包子
两份比萨饼(bǐsàbǐng Pizza)

(3) A: 你们喝点儿什么?我这里有____________、____________和____________

B: 我喝________________。

A: 你要________________还是________________?

B: 我要一杯________________。

茶	矿泉水	果汁	葡萄酒 pútaojiǔ Wein
红茶 / 绿茶	带气的 / 不带气的 dài qì de / bú dài qì de mit Kohlensäure / ohne…	苹果汁 / 橙汁 píngguǒzhī / chéngzhī Apfelsaft Orangensaft	红葡萄酒 / 白葡萄酒 hóng pútaojiǔ / bái pútaojiǔ Rotwein Weißwein

4 回答问题 [huídá wèntí] – Fragen und antworten

1. 你哥哥喜欢吃什么?
2. 安娜喜欢喝红茶还是绿茶?
3. 这里有一些冰红茶 [bīnghónhchá: Eistee],你要喝吗?

你知道吗? [Nǐ zhīdào ma] Gewusst?

Chinesische Teekultur

Chinesen trinken gerne Tee. Tee wird oft während der Unterhaltung serviert. Bereits vor 2000 Jahren hat sich eine Teekultur entwickelt.
Nach Herstellungsverfahren wird der chinesische Tee unterteilt in 绿茶 [lǜchá: Grüner Tee], 红茶 [hóngchá: Schwarzer Tee], 乌龙茶 [wūlóngchá: Wulong-Tee], 花茶 [huāchá: aromatisierter Tee], 沱茶 [tuóchá: in Napfform gepresster Tee], 砖茶 [zhuānchá: in Ziegelsteinform gepresster Tee], usw. Es gibt innerhalb dieser groben Unterteilung der verschiedenen Teesorten noch viele weitere feine Unterschiede und Unterteilungen.

Grüner Tee 绿茶	nicht fermentiert	 龙井茶  碧螺春
Schwarzer Tee 红茶	fermentiert	 祁红茶  滇红茶
Wulong-Tee 乌龙茶	teilweise fermentiert	
Jasmintee 茉莉花茶	Tee mit Blüten- oder Blumenaroma	
in Napfform gepresster Tee 沱茶	dunkler und gereifter Schwarztee	
in Ziegelsteinform gepresster Tee 砖茶	bestimmte Sorte von Schwarztee	

12 苹果多少钱一公斤？
Wie viel kostet ein Kilo Äpfel?

对话 [duìhuà] Dialog

王芳： 苹果多少 钱一公斤？
Wáng Fāng Píngguǒ duōshǎo qián yì gōngjīn

售货员： 三块五一公斤。
Shòuhuòyuán Sān kuài wǔ yì gōngjīn

王芳： 我买 两公斤。
Wáng Fāng Wǒ mǎi liǎng gōngjīn

售货员： 一共七块钱。
Shòuhuòyuán Yígòng qī kuài qián

王芳： 给您钱。
Wáng Fāng Gěi nín qián

售货员： 谢谢。
Shòuhuòyuán Xièxie

对话 [duìhuà] Dialog

林纳： 这件衣服很 漂亮， 多少钱一件？
Lín Nà Zhè jiàn yīfu hěn piàoliang duōshǎo qián yí jiàn

售货员： 一 百 二 十 五 元 一 件。 你 试 试！
Shòuhuòyuán Yì bǎi èrshíwǔ yuán yí jiàn Nǐ shì shì

林纳： 不错。有绿色的吗？
Lín Nà Bú cuò Yǒu lǜsè de ma

售货员： 对不起， 没有。
Shòuhuòyuán Duì bù qǐ méiyǒu

林纳： 没关系。 请给我一件 黄色的。
LínNà Méi guānxi Qǐng gěi wǒ yí jiàn huángsè de

对话 [duìhuà] Dialog

大卫： 矿泉水 多少 钱 一 瓶。
Dàwèi Kuàngquánshuǐ duōshǎo qián yì píng

售货员： 一块五毛 一 瓶。
Shòuhuòyuán Yí kuài wǔ máo yì píng

大卫： 请 给我两 瓶。
Dàwèi Qǐng gěi wǒ liǎng píng

课文 [kèwén] Text

学校后面 有一家 超市。 超市 里的东西 很多，
Xuéxiào hòumiàn yǒu yì jiā chāoshì Chāoshì li de dōngxi hěn duō
Schule Hinterseite gibt 1 (ZEW) Supermarkt Supermarkt drin (PA) Dinge sehr viel

价钱也便宜。苹果三块五一公斤，矿泉水六毛四
jiàqián yě piányi Píngguǒ sān kuài wǔ yì gōngjīn kuàngquánshuǐ liù máo sì
Preis auch billig Apfel 3,5 Yuan 1 kg Mineralwasser 0,64 (Yuan)

一瓶。那里的 衣服也 很漂亮。
yì píng Nàli de yīfu yě hěn piàoliang
1 Flasche Dortige (PA) Kleidung auch sehr hübsch

生词 [shēngcí] Vokabeln:

苹果	píngguǒ	*(S)*	Apfel
多少	duōshao	*(FPr)*	wie viel
钱	qián	*(S)*	Geld
公斤	gōngjīn	*(S)*	Kilogramm
块	kuài	*(ZEW)*	Währungseinheit; ZEW für flache, würfel- oder quaderförmige Gegenstände
一共	yígòng	*(Adv)*	insgesamt, alles zusammen
给	gěi	*(V)*	geben
这	zhè	*(DPr)*	dies, das
件	jiàn	*(ZEW)*	ZEW für Kleidungsstücke
衣服	yīfu	*(S)*	Bekleidung
漂亮	piàoliang	*(Adj)*	hübsch
元	yuán	*(ZEW)*	Währungseinheit
试	shì	*(V)*	(an)probieren, versuchen
绿色	lǜsè	*(S)*	grün
对不起	duìbuqǐ		Entschuldigung! Verzeihung!
没关系	méiguānxi		keine Ursache
黄色	huángsè	*(S)*	gelb
后面	hòumian	*(S)*	Hinterseite
超市	chāoshì	*(S)*	Supermarkt
价钱	jiànqián	*(S)*	Preis
便宜	piányi	*(Adj)*	billig
毛	máo	*(S)*	ZEW für Geld, entspricht 0,1 Yuan

语法注解 [yǔfǎ zhùjiě] Grammatik

Zahlen 二 [èr] und 两 [liǎng]

Diese zwei Zeichen haben die gleiche Bedeutung, und zwar „zwei". Sie werden allerdings unterschiedlich verwendet.

Als mathematische Zahlen (Ordinalzahlen, Bruchzahlen ...) wird 二 verwendet.

例 lì Beispiel 一、二、三、四、二十二、七十二

Wenn ein ZEW folgt, wird für eine einstellige Zahl 两 und für eine mehrstellige Zahl 二 verwendet.

例 lì Beispiel 两口人、两天、十二条狗

Für Zahlen mit mehr als drei Stellen und die erste Stelle ein zwei ist, wird dieser Zwei als 两 gelesen, bei genau 3 stelligen Zahlen können beide Zeichen verwendet werden.

例 lì Beispiel 222：二百二十二/两百二十二
2322：两千三百二十二
200 000 000 Einwohner：两亿人口

Fragewörter für Zahlen 多少 [duōshao] und 几 [jǐ]

几 wird für eine Ziffer im Ordinalzahlensystem verwendet, z.B. 几百， 几千, während 多少 für Zahlen im Allgemeinen verwendet wird.

Bei Frage nach dem Monat, dem Tag oder allgemein nach dem Datum wird nur 几 verwendet.

Wenn 几 vor einem Nomen steht, muss ein ZEW verwendet werden, während das ZEW nach 多少 auch weggelassen werden kann.

例 lì Beispiel 几条狗、几个学生、多少（条）狗、多少（个）学生

练习 [liànxí] Übung

1 拼音练习 [pīnyīn liànxí] – 四声 [sìshēng] – Übung mit den vier Tönen

guō	guó	guǒ	guò	国	果	
qiān	qián	qiǎn	qiàn	千	钱	
		kuǎi	kuài	快	块	
gōng		gǒng	gòng	公	共	
jiān	jián	jiǎn	jiàn	见	间	件
	liáng	liǎng	liàng	两	亮	
	shuí	shuǐ	shuì	谁	睡	水
pīng	píng			苹	瓶	

jiāxiāng	pāndēng	chūntiān	tōngzhī	qīngsōng
jiéchū	zhíxíng	qiúyuán	qíngkuàng	chóuhuà
lǐngxiù	xiǎngshòu	qǐméng	Fǎguó	shuǐpíng
shìchǎng	zhòngdiǎn	chuàngzào	Hànyǔ	miànliào

2 读一读 [dú yi dú] – Lesen und Verstehen

2.50元	0.45元	6.80元	57.40元
219.70元	900.00元	880.00元	73.50元

3 替换练习 [tìhuàn liànxí] – Dialogübung

A: 书多少钱一本?
B: 七块九。
A: 我买两本。
B: 一共十五块八。
A: 给你钱。
B: 谢谢!

香蕉	公斤	四块六	九块二
矿水	瓶	三块钱	六块钱
衣服	件	一百三十块	两百六十块
水果	公斤	五块八	十一块六

4 看图说话 [kàntú shuōhuà] – Bilden Sie einen Satz zu jedem Bild

 **你知道吗?** [Nǐ zhīdào ma] Gewusst?

Chinesische Gewichtseinheiten

斤 ist eine der chinesischen Gewichtseinheiten, es entspricht einem halben Kilogramm. Weitere Gewichtseinheiten sind 两 und 钱.

1斤 = 10两 = 100钱 = 500 Gramm。

Chinesische Währung

元

角

分

Die chinesische Währung ist 人民币 [Rénmínbì] mit drei Einheiten 元 [yuán] 、角 [jiǎo] 、分 [fēn] bzw. in der Umgangssprache 块 [kuài] 、毛 [máo] 、分 [fēn] .
In der Umgangsprache wird oft nach der letzten Einheit 钱 [qián] eingefügt.
Beispiele: 1.70 一元七角 一块七 (毛钱)

Quiz: (die richtige Variante ankreuzen)

A. 人民币 [rénmínbì] , abgekürzt als RMB, das Währungseinheitszeichen ist ¥ ( )
B. 人民币 [rénmínbì] , abgekürzt als JAN, das Währungseinheitszeichen ist £ ( )
C. 人民币 [rénmínbì] , abgekürzt als PND, das Währungseinheitszeichen ist ¢ ( )

我妹妹喜欢黄颜色

Meine Schwester mag gelbe Farbe

13

对话 [duìhuà] Dialog

马兰：安娜星期天过生日，我想送她一条丝巾。
Mǎ Lán Ānnà xīngqītiān guò shēngrì wǒ xiǎng sòng tā yì tiáo sījīn

林纳：好主意！你看这条蓝色的怎么样？
Lín Nà Hǎo zhǔyi Nǐ kàn zhè tiáo lánsè de zěnmeyàng

马兰：很漂亮，她一定喜欢。
Mǎ Lán Hěn piàoliang tā yídìng xǐhuan

林纳：那条黄色的也不错。
Lín Nà Nà tiáo huángsè de yě bú cuò

马兰：我妹妹喜欢黄颜色。我也给她买一条。
Mǎ Lán Wǒ mèimei xǐhuān huáng yánsè Wǒ yě gěi tā mǎi yì tiáo

对话 [duìhuà] Dialog

高树：小龙，我们星期六去美泉宫，你去吗？
Gāo Shù Xiǎolóng wǒmen xīngqīliù qù Měiquángōng nǐ qù ma

小龙：星期六不下雨吗？
Xiǎolóng Xīngqīliù bú xiàyǔ ma

高树：天气预报说是晴天。公园里的花都开了：
Gāo Shù Tiānqì yùbào shuō shì qíngtiān Gōngyuán li de huā dōu kāi le

红的、黄的、粉的……，很漂亮。
hóng de huáng de fěn de hěn piàoliang

小龙：我能带我的朋友丽丽一起去吗？
Xiǎolóng Wǒ néng dài wǒ de péngyou Lìli yìqǐ qù ma

高树：当然可以。
Gāo Shù Dāngrán kěyǐ

13 我妹妹喜欢黄颜色 Meine Schwester mag gelbe Farbe

课文 [kèwén] Text

马丁有 一 辆 汽车，是黑色的。他的 女朋友 不
Mǎdīng yǒu yí liàng qìchē shì hēisè de Tā de nǚpéngyou bù
Martin hat ein (ZEW) Auto ist schwarz (PA) seine Freundin nicht

喜欢黑色，可是马丁觉得黑色 很 酷。
xǐhuān hēisè kěshì Mǎdīng juédé hēisè hěn kù
mag schwarz aber Martin findet schwarz sehr cool

生词 [shēngcí] Vokabeln:

颜色	yánsè	(S)	Farbe
过	guò	(V)	verbringen
送	sòng	(V)	schenken
丝巾	sījīn	(S)	Seidenschal
主意	zhǔyi	(S)	Idee
蓝色	lánsè	(S)	blau
一定	yídìng	(Adv)	bestimmt
美泉宫	Měiquángōng	(EN)	Schönbrunn
天气	tiānqì	(S)	Wetter
预报	yùbào	(S)	Vorhersage
晴天	qíngtiān	(S)	heiter
公园	gōngyuán	(S)	Park
花	huā	(S)	Blume
粉	fěn	(Adj)	rosa
能	néng	(MV)	können
可以	kěyǐ	(Adv)	möglich
辆	liàng	(ZEW)	ZEW für Fahrzeuge
汽车	qìchē	(S)	Auto, PKW
黑色	hēisè	(S)	Schwarz
觉得	juéde	(V)	finden, glauben
酷	kù	(Adj)	cool

语法注解 [yǔfǎ zhùjiě] Grammatik

Satz mit Personen- und Sachobjekt, wie 给 [gěi: geben] und 送 [sòng: schenken]

Manche chinesischen Verben wie 给 und 送 können zwei Objekte haben. Das Personenobjekt steht in solchen Fällen vor dem Sachobjekt.

例 lì Beispiel　　我想送她一条丝巾。

Attributphrasen mit 的 [de]

Mit Attributpartikel können Attributphrasen gebildet werden. Diese Phrasen setzen sich aus dem Attributpartikel und den vorgestellten Teilen aus Nomen, Pronomen, Adjektiven, Verben, Strukturen aus Subjekten und Verben, etc. zusammen. Voraussetzung für die Verwendung von Attributphrasen ist, dass das Objekt, welches diese Phrase beschreibt bzw. näher definiert, bekannt sein muss (z.B. im Vortext genannt worden ist).

例 lì Beispiel　　我想送她一条丝巾。你看这条蓝色的怎么样？
公园里的花都开了：红的、黄的、粉的……，很漂亮。

Präposition 给 [gěi]

给 als Präposition bedeutet „für".

例 lì Beispiel　　我给她买一条丝巾。

练习 [liànxí] Übung

1　拼音练习 [pīnyīn liànxí] – 四声 [sìshēng] – Übung mit den vier Tönen

bāo	báo	bǎo	bào
fēn	fén	fěn	fèn
guō	guó	guǒ	guò
huā	huá		huà
	liáng	liǎng	liàng
qī	qí	qǐ	qì
qīng	qíng	qǐng	qìng
yī	yí	yǐ	yì
yū	yú	yǔ	yù
zhū	zhú	zhǔ	zhù

包	报				
分	份	粉			
国	果	过			
滑	话	花			
两	亮	辆			
期	起	骑	气	汽	
请	晴				
医	已	以	衣	宜	意
语	雨	预			
祝	住	主			

jiāgōng	xíngdòng	wúwèi	gōuhuǒ	jiāngjūn
kuòzhāng	shuìjiào	shǒutóu	yuánrùn	zhuàngtài
tuīguǎng	shěnglüè	guǎngfàn	kūzào	shōuhuò
zàijiàn	míngnián	xuéxí	Yúnnán	wēnshuǐ
quēshǎo	gōngyè	shùnyìng	chénzuì	gòngxiàn

2 读一读 [dú yi dú] – Lesen und Verstehen

丝巾	苹果	茶	汽车
红丝巾	绿色苹果	绿茶	黑汽车
送她红丝巾	送妹妹绿色苹果	我喝绿茶	我有黑汽车

3 回答问题 [huídá wèntí] – Fragen und antworten

1. 你的衣服是什么颜色的？
2. 姐姐喜欢什么颜色？
3. 爸爸的汽车是什么颜色的？
4. 丽丽星期天过生日，你送她什么？

4 完成下列对话 [wánchéng xiàliè duìhuà] – Dialoge vervollständigen

A：你喜欢绿色吗？

B：不太喜欢，我喜欢________，你呢？

A：我最喜欢________，我觉得________很酷。

你知道吗？ [Nǐ zhīdào ma] Gewusst?

Die Bedeutung von Farben

1. Rot - 红 [hóng] : symbolisiert Glück und die Wärme.
   Zum Frühlingsfest werden traditionell 福 [fú: Glück] -Zeichen an die Tür angebracht. Glückverheißende Spruchpaare auf roten Papierstreifen werden links und rechts neben der Tür aufgehängt. Rote Scherenschnitte mit Glückssymbolen wie Pfirsiche für langes Leben, Goldfische für Reichtum etc. werden an die Fenster angebracht.
   Zur traditionellen Hochzeit ziehen die Brautpaare rotes Gewand an, und die Hochzeitsräumlichkeit und Geschenke werden mit dem roten Zeichen für „doppeltes Glück" 囍 [xǐ] geschmückt.

2. Weiß – 白 [bái] : ist die Farbe der Reinheit.
   Zur Beerdigung wird weiße Kleidung und weiße Kopfbedeckung getragen.

3. Violett – 紫 [zǐ] : war die Farbe für den Herrscher.
   Der Kaiserpalast in Beijing heißt demnach 紫禁城 [Zǐjìnchéng: Violette Verbotene Stadt]

4. Gelb – 黄 [huáng] : ist die Farbe der Freude, der Hoffnung, es ist auch die Farbe der Erde.
   Im alten China durfte nur der Kaiser die Farbe Gelb tragen.

橡皮在我的文具盒里
Radiergummi ist in meinem Federpenal

14

对话 [duìhuà] Dialog

大卫：我能用一下你的橡皮吗？
Dàwèi　Wǒ néng yòng yíxià nǐ de xiàngpí ma

安娜：可以啊，橡皮在我的文具盒里。
Ānnà　Kěyǐ a xiàngpí zài wǒ de wénjùhé li

大卫：你的文具盒里没有橡皮，只有笔。
Dàwèi　Nǐ de wénjùhé li méiyǒu xiàngpí zhǐyǒu bǐ

安娜：是吗？是不是在桌子上？
Ānnà　Shì ma Shì bu shì zài zhuōzi shang

大卫：椅子下面有一块橡皮，
Dàwèi　Yǐzi xiàmiàn yǒu yí kuài xiàngpí

是你的吗？
shì nǐ de ma

安娜：是，它怎么在椅子下面？
Ānnà　Shì tā zěnme zài yǐzi xiàmian

对话 [duìhuà] Dialog

王芳：书包里有什么？
Wáng Fāng　Shūbāo li yǒu shénme

李维：书包里有书和练习本，
Lǐ Wéi　Shūbāo li yǒu shū hé liànxí běn

还有文具盒。
háiyǒu wénjùhé

王芳：文具盒里有什么？
Wáng Fāng　Wénjùhé li yǒu shénme

李维：有钢笔、铅笔、圆珠笔、尺子和橡皮。
Lǐ Wéi　Yǒu gāngbǐ qiānbǐ yuánzhūbǐ chǐzi hé xiàngpí

王芳： 电脑 在哪儿？
Wáng Fāng Diànnǎo zài nǎr

李维： 电脑在 桌子上面。
Lǐ Wěi Diànnǎo zài zhuōzi shàngmian

对话 [duìhuà] Dialog

丽丽： 你们的教室大吗？
Lìli Nǐmen de jiàoshì dà ma

杰克： 不太大。教室里有十 张 桌子，二十把椅子。
Jiékè Bú tài dà. Jiàoshì li yǒu shí zhāng zhuōzi, èrshí bǎ yǐzi

丽丽： 你们班 有 多少 个学生？
Lìli Nǐmen bān yǒu duōshao ge xuésheng

杰克： 我们班 有十八个学生。
Jiékè Wǒmen bān yǒu shíbā ge xuésheng

丽丽： 他们都是奥地利人吗？
Lìli Tāmen dōu shì Àodìlì rén ma

杰克： 不都是。我们班有 德国学生、法国学生，还有一个 中国 学生。
Jiékè Bù dōu shì. Wǒmen bān yǒu Déguó xuésheng, Fǎguó xuésheng, háiyǒu yí ge Zhōngguó xuésheng

课文 [kèwén] Text

这是小龙 的 书桌。 桌子上 有 一台 电脑， 两本
Zhè shì Xiǎolóng de shūzhuō Zhuōzi shàng yǒu yì tái diànnǎo liǎng běn
Das ist Xiaolong (PA) Schreibtisch Tisch oben gibt 1 (ZEW) Computer 2 (ZEW)

德文 书 和 几 本 杂志、 字典， 还有 几 支 笔。
Déwén shū hé jǐ běn zázhì zìdiǎn háiyǒu jǐ zhī bǐ
Deutsch Bücher und einige (ZEW) Zeitschrift Wörterbuch noch es gibt einige (ZEW) Stifte

他每天 放学 后 在 这里学习。他的花猫 小白
Tā měitiān fàngxué hòu zài zhèli xuéxí Tā de huāmāo Xiǎobái
Er jeden Tag nach der Schule sich befinden hier lernen seine bunte Katze Xiaobai

喜欢 在 椅子下面 睡觉。
xǐhuan zài yǐzi xiàmian shuìjiào
mag sich befinden Stuhl unterhalb schlafen

生词 [shēngcí] Vokabeln:

橡皮	xiàngpí	(S)	Radiergummi
文具盒	wénjùhé	(S)	Federpenal
里	lǐ	(S)	innen
用	yòng	(V)	benutzen, verwenden
只有	zhǐyǒu	(Adv)	nur
笔	bǐ	(S)	Stift
桌子	zhuōzi	(S)	Tisch
椅子	yǐzi	(S)	Stuhl, Sessel
下面	xiàmian	(Adv)	unten
书包	shūbāo	(S)	Schultasche
练习本	liànxíběn	(S)	Übungsheft
钢笔	gāngbǐ	(S)	Füller
铅笔	qiānbǐ	(S)	Bleistift
圆珠笔	yuánzhūbǐ	(S)	Kugelschreiber
尺子	chǐzi	(S)	Lineal
电脑	diànnǎo	(S)	Computer
上面	shàngmian	(S)	oben
张	zhāng	(ZEW)	ZEW für dünne, flache Gegenstände
把	bǎ	(ZEW)	ZEW für Bündel, Gegenstände mit Griff…
班	bān	(S)	Klasse
台	tái	(ZEW)	ZEW für Maschine
杂志	zázhì	(S)	Zeitschrift
字典	zìdiǎn	(S)	Wörterbuch
支	zhī	(ZEW)	ZEW für Stifte
放学	fàngxué	(V)	Schulschluss haben

语法注解 [yǔfǎ zhùjiě] Grammatik

Lokalwörter

Einige Lokalwörter, wie z.B. 里、上、下…… können in Verbindung mit einem Suffix 面 auch allein als Ortsangabe verwendet werden.

例 lì Beispiel 上面有书。 下面有花猫。

练习 [liànxí] Übung

1 拼音练习 [pīnyīn liànxí] – 四声 [sìshēng] – Übung mit den vier Tönen

chī	chí	chǐ	chì
gē	gé		gè
hē	hé		hè
jū	jú	jǔ	jù
zhū	zhú	zhǔ	zhù
	lí	lǐ	lì
piān	pián		piàn
qiān	qián	qiǎn	qiàn
xiāng	xiáng	xiǎng	xiàng
yī	yí	yǐ	yì

吃	尺		
哥	歌	各	
盒	和	喝	
局	具		
珠	住	主	祝
丽	里		
片	便		
前	千	钱	铅
想	橡		
椅	意	医	以

shǒuzhūdàitù	bámiáozhùzhǎng	kèzhōuqiújiàn	huàshétiānzú
sàiwēngshīmǎ	zǒumǎguānhuā	zuòjǐngguāntiān	zìxiāngmáodùn

É, é, é,
qū xiàng xiàng tiān gē。
Bái máo fú lǜ shuǐ,
hóng zhǎng bō qīng bō。

2 读一读 [dú yi dú] – Lesen und Verstehen

上面	下面	前面	后面
一支铅笔	一支圆珠笔	一块橡皮	一把尺子
一本书	一本练习本	一个文具盒	一个书包
桌子上面	椅子下面	学校前面	商店里面

3 看图回答问题 [kàn tú huídá wèntí] – Fragen beantworten

书包在哪儿？ 小狗在哪儿？ 苹果在哪儿？ 小龙在哪儿？

4 量词填空 [liàngcí tiānkòng] – Passende Zähleinheitswort einsetzen

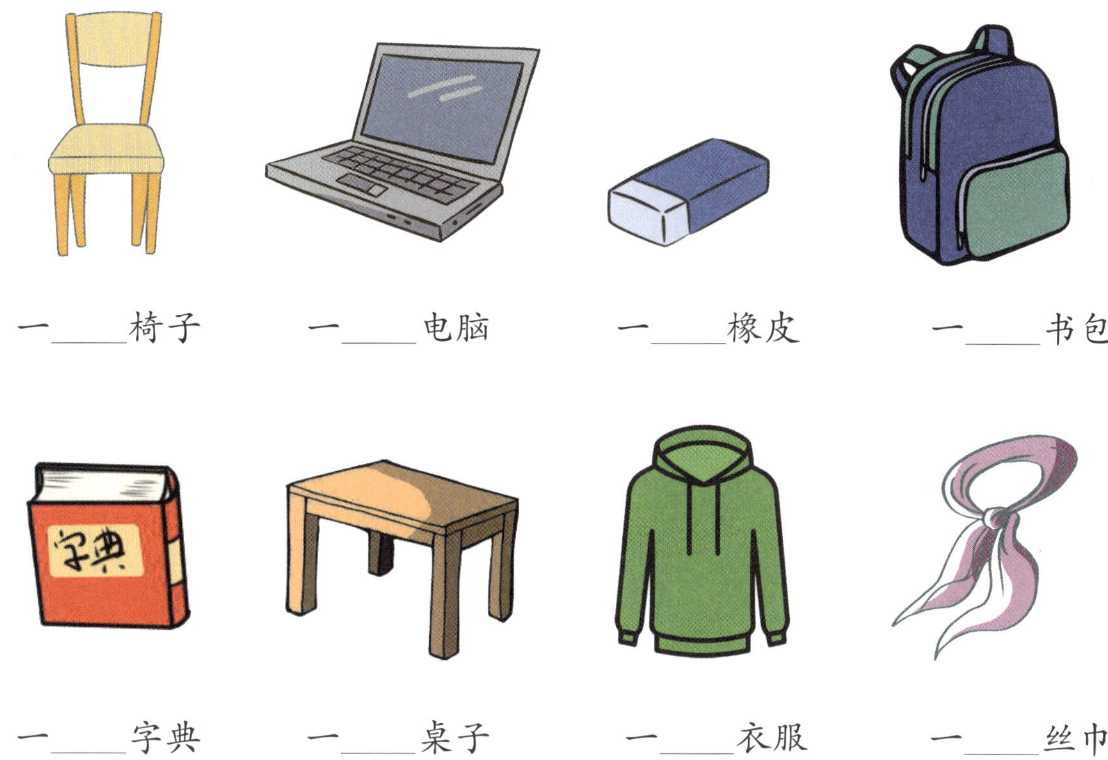

你知道吗? [Nǐ zhīdào ma] Gewusst?

Konfuzius

Kongzi (孔子 [kǒngzǐ, latinisiert: Konfuzius) war ein chinesischer Philosoph zur Zeit der Frühlings- und Herbstperiode. Er lebte vermutlich von 551 v. Chr. bis 479 v. Chr. und wurde unter dem Namen Kong Qiu (孔丘) in der Stadt Qufu im chinesischen Staat Lu (der heutigen Provinz Shandong) geboren, wo er auch starb.

Das zentrale Thema seiner Lehren war die gesellschaftliche Hierarchie, die seiner Meinung nach durch Achtung vor anderen Menschen und Ahnenverehrung erreichbar war. Als Ideal galt für Konfuzius der „Edle" (君子 [jūnzǐ]), ein moralisch einwandfreier Mensch. Edel kann der Mensch dann sein, wenn er sich in Harmonie mit dem Weltganzen befindet. Den Weg hierzu sah Konfuzius vor allem in der Bildung. Die „Gespräche des Konfuzius" (论语 [lúnyǔ]) zählen zu den wichtigsten Klassikern der kanonischen konfuzianischen Literatur.

15 假期你去哪儿？
Wohin fährst du in den Ferien?

对话 [duìhuà] Dialog

大卫：假期快到了，你准备去哪儿？
Dàwèi Jiàqī kuài dào le nǐ zhǔnbèi qù nǎr

丽娜：我准备去柏林玩儿一趟。你呢？你有什么打算？
Lìnà Wǒ zhǔnbèi qù Bólín wánr yí tàng Nǐ ne Nǐ yǒu shénme dǎsuàn

大卫：我和马克准备去北京参加汉语夏令营。
Dàwèi Wǒ hé Mǎkè zhǔnbèi qù Běijīng cānjiā Hànyǔ xiàlìngyíng

丽娜：你们去学汉语吗？
Lìnà Nǐmen qù xué Hànyǔ ma

大卫：对，还要参观 故宫 和 长城。
Dàwèi Duì háiyào cānguān Gùgōng hé Chángchéng

丽娜：那一定很有意思。
Lìnà Nà yídìng hěn yǒu yìsi

祝你们玩得愉快！
Zhù nǐmen wán de yúkuài

对话 [duìhuà] Dialog

李维：夏天你去哪儿度假？
Lǐ Wéi Xiàtiān nǐ qù nǎr dùjià

王芳：夏天我 常常 去海边度假，
Wáng Fāng Xiàtiān wǒ chángcháng qù hǎibiān dùjià

比如意大利。
bǐrú Yìdàlì

李维：大海很美，我也很喜欢。不过，
Lǐ Wéi Dàhǎi hěn měi wǒ yě hěn xǐhuan Búguò

奥地利和瑞士的山区风光 也不错。
Àodìlì hé Ruìshì de shānqū fēngguāng yě bú cuò

对话 [duìhuà] Dialog

安娜： 小龙，假期里你准备去哪儿玩儿？
Ānnà Xiǎolóng jiàqī li nǐ zhǔnbèi qù nǎr wánr

小龙： 天太热，
Xiǎolóng Tiān tài rè

我哪儿也不想去。
wǒ nǎr yě bù xiǎng qù

安娜： 你怕热呀！
Ānnà Nǐ pà rè ya

去北欧吧，那儿凉快！
Qù Běi'ōu ba nàr liángkuài

课文 [kèwén] Text

夏天，很多欧洲人都要去度假一、两个星期。
Xiàtiān hěnduō Ōuzhōu rén dōu yào qù dùjià yì liǎng ge xīngqī
Sommer sehr viele Europäer alle wollen gehen Urlaub ein zwei (ZEW) Wochen

有些人到海边，另一些人去城市旅游，还有一些人
Yǒuxiē rén dào hǎibiān lìng yìxiē rén qù chéngshì lǚyóu háiyǒu yìxiē rén
Einige Leute gehen zu Küste andere einige Leute gehen Stadt-Reise noch einige Leute

去山区爬山。
qù shānqū pá shān
gehen Bergregion klettern Berg

生词 [shēngcí] Vokabeln:

假期	jiàqī	(S)	Ferien, Ferienzeit
柏林	Bólín	(EN)	Berlin
玩儿	wánr	(V)	spielen, sich vergnügen, sich amüsieren
趟	tàng	(ZEW)	ZEW für Ortswechsel
打算	dǎsuàn	(V)	vorhaben, sich vornehmen
参加	cānjiā	(V)	teilnehmen
夏令营	xiàlìngyíng	(S)	Sommercamp

参观	cānguān	(V)	besichtigen, anschauen
故宫	Gùgōng	(EN)	die Verbotene Stadt, Kaiserpalast in Beijing
长城	Chángchéng	(EN)	die Große Mauer, die Chinesische Mauer
意思	yìsi	(S)	Bedeutung, Sinn
得	de	(PA)	dient zur adverbialen Bestimmung eines Verbs
愉快	yúkuài	(S)	froh, fröhlich
度假	dùjià	(V)	Urlaub machen
海边	hǎibiān	(S)	Küste
比如	bǐrú	(K)	zum Beispiel
意大利	Yìdàlì	(EN)	Italien
大海	dàhǎi	(S)	Meer
不过	búguò	(Adv)	aber, bloß, nur
瑞士	Ruìshì	(EN)	die Schweiz
山区	shānqū	(S)	Bergregion
风光	fēngguāng	(S)	schöne Landschaft
哪儿也不	nǎr yě bù		nirgendwo
怕	pà	(V)	fürchten
呀	ya	(Ij)	Interjektion für Überraschung
北欧	Běi'ōu	(EN)	Nordeuropa
凉快	liángkuài	(S)	(angenehm) kühl
欧洲	Ōuzhōu	(EN)	Europa
有些	yǒuxiē	(S)	manche, einige
另	lìng	(S)	andere
一些	yì xiē	(S)	ein paar, einige, manche
城市	chéngshì	(S)	Stadt
旅游	lǚyóu	(V)	reisen,
爬	pá	(V)	klettern

语法注解 [yǔfǎ zhùjiě] Grammatik

ZEW für Verb 动量词 [dòngliàngcí]

趟 [tàng] ist ein ZEW für Verb, es wird hinter dem Verb gesetzt und gibt an, wie viele Male diese Bewegung durchgeführt ist.

例 lì Beispiel 我们去一趟柏林。他回了两趟家。

Partikel 得 [de]

Strukturpartikel 得 dient zur adverbialen Bestimmung eines Verbs.

例 lì Beispiel 祝你们玩得愉快。他跑得很快。

练习 [liànxí] Übung

1 拼音练习 [pīnyīn liànxí] – 四声 [sìshēng] – Übung mit den vier Tönen

huā	huá		huà
huō	huó	huǒ	huò
jiā	jiá	jiǎ	jià
jiē	jié	jiě	jiè
	liáng	liǎng	liàng
	líng	lǐng	lìng
	lǘ	lǚ	lǜ
qī	qí	qǐ	qì
shī	shí	shǐ	shì
xiē	xié	xiě	xiè
yōu	yóu	yǒu	yòu
yū	yú	yǔ	yù

滑	话	花	化			
火	活					
家	价	假	加			
姐	接	解				
两	亮	辆	凉			
零	另	令				
绿	旅					
七	期	气	起	骑	汽	其
师	识	视	时	室	市	世
写	谢	些				
有	友	游				
语	雨	预	愉			

Chuáng qián míng yuè guāng,
yí shì dì shàng shuāng。
Jǔ tóu wàng míng yuè,
dī tóu sī gù xiāng。

2 读一读 [dú yi dú] – Lesen und Verstehen

去哪儿度假	去哪儿旅游	打算做什么	准备五点起床
去海边度假	去意大利旅游	打算看电影	准备住酒店
去山区度假	去北京旅游	打算坐火车去	准备去旅游

3 替换练习 [tìhuàn liànxí] – Dialogübung

A: 你们打算去哪儿滑雪？

B: 我们打算去________滑雪。

瑞士 奥地利 法国 加拿大

A: 你们开车去吗？

B: 不，我们________。

坐飞机去 坐火车去

4 **看图回答问题** [kàntú huídá wèntí] – **Beantworten Sie die Fragen den Bildern entsprechend**

去哪儿度假?

 **你知道吗?** [Nǐ zhīdào ma] Gewusst?

Mobilität und Reisetätigkeit der Chinesen

Seit den neunziger Jahren ist in China nicht nur die Zahl der Privatautos, sondern auch die Zahl der neugebauten Autobahnen und neuerrichteten Hochgeschwindigkeitszugverbindungen stetig angestiegen.

Immer mehr Chinesinnen und Chinesen können sich eine Auszeit leisten und immer mehr wohlhabende Chinesen verlagern ihre Urlaubsziele ins Ausland. Der Statistik Austria zufolge hat sich die Zahl der Übernachtungen chinesischer Gäste in Österreich von 2008 bis 2018 nahezu versechsfacht (plus 491 Prozent): 2018 wurden 1,4 Mio. Nächtigungen registriert, im Jahr 2008 waren es lediglich 236.000.

Eine Auswertung des Mehrwertsteuer-Rückerstatters Planet Payment zeigte, dass Besucher aus China 2019 bereits für 31 % aller Einkäufe von Shopping-Touristen aus Nicht-EU-Staaten verantwortlich waren, somit wurde China das umsatzstärkste Herkunftsland für Österreich.

小结 xiǎojié – Zusammenfassung

点菜 [diǎncài] bestellen

你们吃点儿什么？
我要一份饺子。他想吃面包。
你喝红茶还是绿茶？
我喝绿茶

买东西 [mǎi dōngxi] einkaufen

苹果多少钱一公斤？
我买三公斤。

颜色 [yánsè] Farbe

这条绿色的不错。
杰克觉得黑色很酷。

打算 [dǎsuàn] lanen, vorhaben

你有什么打算？
你去哪儿度假？
我准备去山区看看。

句型总结 [jùxíng zǒngjié] - Satzmuster im Überblick

句型 [jùxíng] Satzmuster	例句 [lìjù] Beispiel
想 + Verb	小龙想滑雪。马克想吃饺子。
……再……	我要一份饺子，再要一个面包。
能	能我能带女朋友吗？
送（给）	美林送我一条丝巾。老师送给我们一本书。
一定	她一定喜欢。我一定去。
尝尝	你尝尝。我看看。
……还是……	你要红茶还是绿茶？
又……又……	四川菜又麻又辣。
不……吗	今天不下雨吗？你不吃面包吗？
一趟	我准备去柏林玩一趟。
可是/不过	可是杰克喜欢黑色。不过蓝色也不错。
哪儿也不/什么也不	我哪儿也不去。我什么也不会。
……得……	他玩得愉快。雨下得很大。他跑得快。

Anhang I

Schriftzeichen

1. 你好我叫是们您老师再见早上女士先生很高兴认识
2. 一二三四五六七八九十多大什么名字岁今年他百她
3. 谁的德国朋友同学汉语吗喜欢写不英呢也中人奥地利
4. 天几号月星期日明课两千零昨祝快乐
5. 家有口爸妈姐和还只狗医都爱爷哥弟奶妹没
6. 听音乐正在歌运动打篮球踢足太读书看电视可它白猫睡觉唱排
7. 现点请问谢客气时间候来半晚刻回差分已经了跑起床午下
8. 去哪儿影说错院门前校商店买水果维纳机场接坐到火车站地铁开准备骑自行
9. 怎样雨刮风带衣吧春常夏热冬冷滑雪趣会当然摔倒晴最温度低秋美
10. 住刚北京酒给话码第区贝芬街就面那送找层教室办公工作房
11. 饺子吃想要份包麻婆豆腐辣川特又米饭喝茶矿泉汁红绿杯瓶条饮料
12. 苹少钱斤块共给这件服漂亮元试色对关系黄后超市价便宜毛
13. 颜丽娜过丝巾主意蓝定宫预报睛园花粉能以辆汽黑觉得酷
14. 橡皮文具盒里用笔桌椅练习本钢铅圆珠尺脑张把班台杂志典支放
15. 假柏林玩趟算参加令营观故长城思愉度海边比如瑞山光怕呀欧凉洲些另旅游爬

Literatur:

- 刘月华，潘文娱等，《实用现代汉语语法》，2004年8月，商务印书馆
- CCTV中国中央电视台海外中心专题部，《语林趣话》，2004年4月，四川辞书出版社
- Thekla Chabbi,《聊聊》,2009年， Hueber Verlag

Chinesisch-Deutsch Vokabelliste

汉字 Schriftzeichen	拼音 Lautschrift	词性 Wortart	译文 Übersetzung	课号 Lektion
A				
啊	ā/à	*(Pa)*	Modalpartikel	4
爱	ài	*(V)*	lieben, gerne haben	5
奥地利	Àodìlì	*(EN)*	Österreich	3
奥地利人	Àodìlì rén	*(S)*	Österreicher /Österreicherin	3
B				
吧	ba	*(Pa)*	Modalpartikel für einen Vorschlag, oder eine Bitte um Zustimmung	9
八	bā	*(ZW)*	acht	2
把	bǎ	*(ZEW)*	ZEW für Bündel, Gegenstände mit Griff…	14
爸爸	bàba	*(S)*	Vater	5
白	bái	*(Adj)*	weiß	6
百	bǎi	*(ZW)*	hundert	2
半	bàn	*(ZW)*	halb	7
班	bān	*(S)*	Klasse	14
办公室	bàngōngshì	*(S)*	Büro	10
包子	bāozi	*(S)*	gedämpfte Teigtasche (aus Hefeteig)	11
杯	bēi	*(ZEW)*	Becher	11
北欧	Běi'ōu	*(EN)*	Nordeuropa	15
贝多芬	Bèiduōfēn	*(EN)*	Beethoven	10
北京	Běijīng	*(EN)*	Beijing (Peking)	10

笔	bǐ	*(S)*	Stift	14
比如	bǐrú	*(K)*	zum Beispiel	15
柏林	Bólín	*(EN)*	Berlin	15
不	bù	*(Adv)*	nein, nicht	3
不客气	bú kèqi		Keine Ursache	7
不过	búguò	*(Adv)*	aber, bloß, nur	15

C

参观	cānguān	*(V)*	besichtigen, anschauen	15
参加	cānjiā	*(V)*	teilnehmen	15
层	céng	*(S) (ZEW)*	Stockwerke oder Schichten	10
茶	chá	*(S)*	Tee	11
差	chà	*(Adv)*	vor (bei Zeitangaben)	7
长城	Chángchéng	*(EN)*	die Große Mauer, die Chinesische Mauer	15
常常	chángcháng	*(Adv)*	oft, häufig	9
唱	chàng	*(V)*	singen	6
超市	chāoshì	*(S)*	Supermarkt	12
城市	chéngshì	*(S)*	Stadt	15
吃	chī	*(V)*	essen	11
尺子	chǐzi	*(S)*	Lineal	14
春天	chūntiān	*(S)*	Frühling	9
错	cuò	*(Adj)*	schlecht	8

D

打	dǎ	*(V)*	spielen, schlagen	6
打算	dǎsuàn	*(V)*	vorhaben, sich vornehmen	15
大海	dàhǎi	*(S)*	Meer	15
大学	dàxué	*(S)*	Universität	10

带	dài	*(V)*	mitbringen, mitnehmen, bei sich haben	9
当然	dāngrán	*(Adv)*	selbstverständlich, klar	9
到	dào	*(V)*	ankommen, erreichen	8
的	de	*(Sfx)*	Attributartikel	3
得	de	*(PA)*	dient zur adverbialen Bestimmung eines Verbs	15
德国	Déguó	*(EN)*	Deutschland	3
低	dī	*(adj)*	nieder, niedrig	9
弟弟	dìdi	*(S)*	jüngerer Bruder	5
第	dì	*(Pr)*	Präfix für Ordinalzahl	10
地铁	dìtiě	*(S)*	U-Bahn	8
电话	diànhuà	*(S)*	Telefon	10
电脑	diànnǎo	*(S)*	Computer	14
电视	diànshì	*(S)*	Fernseher	6
电影	diànyǐng	*(S)*	Film	8
电影院	diànyǐngyuàn	*(S)*	Kino	8
冬天	dōngtiān	*(S)*	Winter	9
都	dōu	*(Adv)*	beide, alle	5
读	dú	*(V)*	lesen	6
度	dù	*(ZEW)*	Grad, ZEW für Temperatur	9
度假	dùjià	*(V)*	Urlaub machen	15
对不起	duìbuqǐ		Entschuldigung! Verzeihung!	12
多大	duō dà	*(FPr)*	wie alt	2
多瑙	Duōnǎo	*(EN)*	Donau	8
多少	duōshao	*(FPr)*	wie viel	12

E

二	èr	*(ZW)*	zwei	2

F

饭	fàn	*(S)*	Essen, Mahlzeit	11
房间	fángjiān	*(S)*	Zimmer, Raum	10
放学	fàngxué	*(V)*	Schulschluss haben	14
分	fēn	*(S)*	Minute	7
粉	fěn	*(Adj)*	rosa	13
份	fèn	*(ZEW)*	Portion	11
风光	fēngguāng	*(S)*	schöne Landschaft	15
刚	gāng	*(Adv)*	gerade, eben	10
钢笔	gāngbǐ	*(S)*	Füller	14
高兴	gāoxìng	*(Adj)*	erfreut, gut gelaunt	1
哥哥	gēge	*(S)*	älterer Bruder	5
歌	gē	*(S)*	Lied	6
给	gěi	*(Pr)*	für, zu Gunsten	10
给	gěi	*(V)*	geben	12
公斤	gōngjīn	*(S)*	Kilogramm	12
公园	gōngyuán	*(S)*	Park	13
工作	gōngzuò	*(S)*	Arbeit	10
狗	gǒu	*(S)*	Hund	5
故宫	Gùgōng	*(EN)*	die Verbotene Stadt, Kaiserpalast in Beijing	15
刮风	guāfēng	*(V)*	Wind wehen	9
果汁	guǒzhī	*(S)*	Saft	11
过	guò	*(V)*	verbringen	13

H

还	hái	*(Adv)*	noch	5
海边	hǎibiān	*(S)*	Küste	15
汉语	Hànyǔ	*(EN)*	Chinesisch/Chinesin	3

号	hào	*(S)*	der …te (Monatstag), Nummer	4
号码	hàomǎ	*(S)*	Nummer	10
喝	hē	*(V)*	trinken	11
和	hé	*(K)*	und	5
黑色	hēisè	*(S)*	Schwarz	13
很	hěn	*(Adv)*	sehr	1
红	hóng	*(Adj)*	rot	11
后面	hòumian	*(S)*	Hinterseite	12
花	huā	*(S)*	Blume	13
滑雪	huáxuě	*(V)*	Ski laufen	9
黄色	huángsè	*(S)*	gelb	12
回家	huíjiā	*(V+S)*	nach Hause gehen	7
会	huì	*(V, MV)*	können	9
火车	huǒchē	*(S)*	Zug	8
火车站	huǒchēzhàn	*(S)*	Bahnhof	8
		J		
机场	jīchǎng	*(S)*	Flughafen	8
几	jǐ	*(FPr)*	wie viele	4
几点	jǐ diǎn		wie viel Uhr?	7
家	jiā	*(S)*	Familie, Haus	5
《加勒比海盗》	„Jiā lè bǐ hǎi dào“	*(EN)*	„Fluch der Karibik“ (Filmtitel)	8
价钱	jiàqián	*(S)*	Preis	12
假期	jiàqī	*(S)*	Ferien, Ferienzeit	15
件	jiàn	*(ZEW)*	ZEW für Kleidungsstücke	12
饺子	jiǎozi	*(S)*	gefüllte Teigtasche (gekocht oder gebraten)	11

叫	jiào	(V)	heißen, rufen	1
教室	jiàoshì	(S)	Klassenzimmer	10
接	jiē	(V)	abholen	8
街	jiē	(S)	Straße, Gasse	10
姐姐	jiějie	(S)	ältere Schwester	5
今年	jīnnián	(S)	dieses Jahr, heuer	2
今天	jīntiān	(S)	heute	4
就	jiù	(Adv)	eben, genau, sofort, dann, nur	10
九	jiǔ	(ZW)	neun	2
酒店	jiǔdiàn	(S)	Hotel-Restaurant	10
就是	jiù shì	(Adv)	eben, genau	11
觉得	juéde	(V)	finden, glauben	13
K				
开车	kāichē	(V+S)	Auto fahren	8
看	kàn	(V)	sehen	6
可爱	kě'ài	(Adj)	lieb, nett	6
可口可乐	kěkǒukělè	(S)	Coca Cola	11
可是	kěshì	(K)	aber	9
可以	kěyǐ	(Adv)	möglich	13
刻	kè	(S)	Viertelstunde	7
口	kǒu	(ZEW)	ZEW für Familienmitglieder	5
酷	kù	(Adj)	cool	13
快	kuài	(Adv)	schnell	7
块	kuài	(ZEW)	Währungseinheit; ZEW für flache, würfel- oder quaderförmige Gegenstände	12
快乐	kuàilè	(Adj)	fröhlich, glücklich, vergnügt	4
矿泉水	kuàngquánshuǐ	(S)	Mineralwasser	11

L

辣	là	*(Adj)*	scharf, pikant	11
来	lái	*(V)*	kommen	7
篮球	lánqiú	*(S)*	Basketball	6
蓝色	lánsè	*(S)*	blau	13
老师	lǎoshī	*(S)*	Lehrer/Lehrerin	1
了	le	*(Pa)*	Verwendet hinter einem Verb, um eine vollzogene Handlung auszudrücken	7
冷	lěng	*(Adj)*	kalt	9
里	lǐ	*(S)*	innen	14
练习本	liànxíběn	*(S)*	Übungsheft	14
凉快	liángkuài	*(S)*	(angenehm) kühl	15
两	liǎng	*(ZW)*	zwei	4
辆	liàng	*(ZEW)*	ZEW für Fahrzeuge	13
零	líng	*(ZW)*	null	4
另	lìng	*(S)*	andere	15
六	liù	*(ZW)*	sechs	2
绿	lǜ	*(Adj)*	grün	11
绿色	lǜsè	*(S)*	grün	12
旅游	lǚyóu	*(V)*	reisen	15

M

吗	ma	*(Pa)*	Fragesatz-Partikel	3
妈妈	māma	*(S)*	Mutter	5
麻	má	*(Adj)*	taub, Geschmack des chin. Blütenpfeffers	11
麻婆豆腐	Mápó dòufu	*(EN)*	ein scharfes Tofu-Gericht	11
买	mǎi	*(v)*	kaufen	8
麦克·杰克逊	Màikè Jiékèxùn	*(EN)*	Michael Jackson	6

猫	māo	*(S)*	Katze	6
毛	máo	*(S)*	ZEW für Geld, entspricht 0,1 Yuan	12
没关系	méiguānxi		keine Ursache	12
没有	méiyǒu	*(V)*	haben kein-	5
美	měi	*(Adj)*	schön, hübsch	9
美泉宫	Měiquángōng	*(EN)*	Schönbrunn	13
妹妹	mèimei	*(S)*	jüngere Schwester	5
们	men	*(Sfx)*	Pluralsuffix	1
门	mén	*(S)*	Tür	8
米饭	mǐfàn	*(S)*	Reis	11
面条	miàntiáo	*(S)*	Nudeln	11
明天	míngtiān	*(S)*	morgen	4
名字	míngzi	*(S)*	Name	2

N

哪儿	nǎr	*(FPr)*	wo	8
哪儿也不	nǎr yě bù		nirgendwo	15
那	nà	*(Adv)*	dann, also	10
那	nà	*(Pr)*	jenes	10
奶奶	nǎinai	*(S)*	Oma, Großmutter	5
呢	ne	*(Pa)*	Satzpartikel	3
能	néng	*(MV)*	können	13
你	nǐ	*(PPr)*	du/dich/dir	1
你好	nǐ hǎo		guten Tag	1
你们	nǐmen	*(S)*	ihr/euch	1
您	nín	*(PPr)*	Sie/Ihnen, höfliche Anrede (Sgl)	1
您好	nín hǎo		guten Tag (höfliche Form)	1
女士	nǚshì	*(S)*	Dame, Frau	1

O

欧洲	Ōuzhōu	*(EN)*	Europa	15

P

爬	pá	*(V)*	klettern	15
怕	pà	*(V)*	fürchten	15
排球	páiqiú	*(S)*	Volleyball	6
跑	pǎo	*(V)*	laufen	7
朋友	péngyou	*(S)*	Freund/Freundin	3
便宜	piányi	*(Adj)*	billig	12
漂亮	piàoliang	*(Adj)*	hübsch	12
苹果	píngguǒ	*(S)*	Apfel	12
瓶	píng	*(ZEW)*	Flasche	11

Q

七	qī	*(ZW)*	sieben	2
骑	qí	*(V)*	reiten	8
起床	qǐchuáng	*(V)*	aufstehen	7
气温	qìwēn	*(S)*	(Luft)Temperatur	9
汽车	qìchē	*(S)*	Auto, PKW	13
千	qiān	*(ZW)*	tausend	4
铅笔	qiānbǐ	*(S)*	Bleistift	14
前	qián	*(Präp)*	vor	8
前面	qiánmian	*(S)*	vorne, Vorderseite	10
钱	qián	*(S)*	Geld	12
晴	qíng	*(Adj)*	klar, heiter	9
晴天	qíngtiān	*(S)*	heiter	13
请	qǐng	*(V)*	bitten	7
秋天	qiūtiān	*(S)*	Herbst	9

区	qū	*(S)*	Bezirk, Zone	10
去	qù	*(V)*	hingehen	8
			R	
热	rè	*(Adj)*	heiß	9
人	rén	*(S)*	Mensch, Person	5
认识	rènshi	*(V)*	j-n kennen(lernen)	1
日	rì	*(S)*	Tag	4
瑞士	Ruìshì	*(EN)*	die Schweiz	15
			S	
三	sān	*(ZW)*	drei	2
山区	shānqū	*(S)*	Bergregion	15
商店	shāngdiàn	*(S)*	Laden, Geschäft	8
上课	shàngkè	*(V+S)*	Unterricht haben	4
上课	shàngkè	*(V+S)*	Unterricht gehen	7
上面	shàngmian	*(S)*	oben	14
上午	shàngwǔ	*(S, Adv)*	Vormittag, vormittags	7
生日	shēngrì	*(S)*	Geburtstag	4
什么	shénme	*(FPr)*	was, was für	2
十	shí	*(ZW)*	zehn	2
是	shì	*(V)*	sein (bin/bist/ist/sind/seid)	1
试	shì	*(V)*	(an)probieren, versuchen	12
时候	shíhou	*(S)*	Zeit(raum)	7
时间	shíjiān	*(S)*	Zeit	7
书	shū	*(S)*	Buch	6
书包	shūbāo	*(S)*	Schultasche	14
摔倒	shuāidǎo	*(V)*	hinfallen	9
谁	shuí/shéi	*(FPr)*	wer/wen/wem	3

水果	shuǐguǒ	*(S)*	Obst	8
睡觉	shuìjiào	*(V)*	schlafen	6
丝巾	sījīn	*(S)*	Seidenschal	13
四	sì	*(ZW)*	vier	2
四川	Sìchuān	*(S)*	Sichuan	11
送	sòng	*(V)*	schenken, jn. begleiten	10
送	sòng	*(V)*	schenken	13
岁	suì	*(ZEW)*	Jahre (alt)	2

T

他	tā	*(PPr)*	er/ihn/ihm	2
她	tā	*(PPr)*	sie/ihr(Sgl)	2
它	tā	*(PPr)*	es	6
台	tái	*(ZEW)*	ZEW für Maschine	14
太	tài	*(Adv)*	sehr	6
太	tài	*(Adv)*	(viel) zu, sehr	9
趟	tàng	*(ZEW)*	ZEW für Ortswechsel	15
特点	tèdiǎn	*(S)*	Besonderheit, Eigenart	11
踢	tī	*(V)*	spielen, treten	6
天气	tiānqì	*(S)*	Wetter	9
听	tīng	*(V)*	hören	6
听说	tīngshuō	*(V)*	vom Hören sagen	8
同学	tóngxué	*(S)*	Mitschüler/Mitschülerin	3

W

玩儿	wánr	*(V)*	spielen, sich vergnügen, sich amüsieren	15
晚上	wǎnshang	*(S, Adv)*	Abend, abends	7
维也纳	Wéiyěnà	*(EN)*	Wien	8
文具盒	wénjùhé	*(S)*	Federpenal	14

问	wèn	*(V)*	fragen	7
我	wǒ	*(PPr)*	ich/mich/mir	1
我的	wǒ de	*(PPr)*	mein	3
五	wǔ	*(ZEW)*	fünf	2

X

喜欢	xǐhuan	*(V)*	mögen	3
下面	xiàmian	*(Adv)*	unten	14
下雨	xià yǔ	*(V)*	regnen	9
下课	xiàkè	*(V+S)*	Unterricht aus	7
夏令营	xiàlìngyíng	*(S)*	Sommercamp	15
夏天	xiàtiān	*(S)*	Sommer	9
先生	xiānsheng	*(S)*	Herr	1
现在	xiànzài	*(Adj)*	jetzt	7
想	xiǎng	*(MV)*	wollen, wünschen	11
橡皮	xiàngpí	*(S)*	Radiergummi	14
写字	xiězì	*(V+S)*	(Schriftzeichen) schreiben	3
谢谢	xièxie	*(V)*	danke	7
星期	xīngqī	*(S)*	Woche	4
学	xué	*(V)*	lernen	3
学生	xuésheng	*(S)*	Schüler/Schülerin	3
学校	xuéxiào	*(S)*	Schule	8

Y

呀	ya	*(Ij)*	Interjektion für Überraschung	15
颜色	yánsè	*(S)*	Farbe	13
要	yào	*(V)*	wollen, erfordern	11
爷爷	yéye	*(S)*	Opa, Großvater	5
也	yě	*(Adv)*	auch, ebenfalls	3

一	yī	*(ZW)*	eins	2
（一）点儿	(yì) diǎnr	*(Adv)*	ein bisschen, etwas	8
一定	yídìng	*(Adv)*	bestimmt	13
一共	yígòng	*(Adv)*	insgesamt, alles zusammen	12
一起	yìqǐ	*(Adv)*	zusammen	8
一些	yì xiē	*(S)*	ein paar, einige, manche	15
衣服	yīfu	*(S)*	Bekleidung	12
医生	yīshēng	*(S)*	Arzt/Ärztin	5
已经	yǐjīng	*(Adv)*	schon	7
椅子	yǐzi	*(S)*	Stuhl, Sessel	14
意大利	Yìdàlì	*(EN)*	Italien	15
意思	yìsi	*(S)*	Bedeutung, Sinn	15
音乐	yīnyuè	*(S)*	Musik	6
饮料	yǐnliào	*(S)*	Getränk	11
英语	Yīngyǔ	*(EN)*	Englisch	3
用	yòng	*(V)*	benutzen, verwenden	14
有	yǒu	*(V)*	haben	5
有趣	yǒuqù	*(Adj)*	interessant, unterhaltsam	9
有些	yǒuxiē	*(S)*	manche, einige	15
又	yòu	*(Adv)*	erneut, wieder	11
愉快	yúkuài	*(S)*	froh, fröhlich	15
雨衣	yǔyī	*(S)*	Regenmantel	9
预报	yùbào	*(S)*	Vorhersage	13
元	yuán	*(ZEW)*	Währungseinheit	12
圆珠笔	yuánzhūbǐ	*(S)*	Kugelschreiber	14
月	yuè	*(S)*	Monat	4
运动	yùndòng	*(S)*	Sport	6

Z

杂志	zázhì	*(S)*	Zeitschrift	14
在	zài	*(V)*	sich befinden	8
再见	zàijiàn	*(V)*	Auf Wiedersehen	1
早上	zǎoshang	*(S)*	Morgen, morgens	1
怎么样	zěnmeyàng	*(FPr)*	wie. Wird auch als Frage nach dem Befinden verwendet	9
张	zhāng	*(ZEW)*	ZEW für dünne, flache Gegenstände	14
找	zhǎo	*(V)*	suchen	10
这	zhè	*(DPr)*	dies, das	12
正在	zhèngzài	*(Adv)*	gerade	6
只	zhī	*(ZEW)*	ZEW für verschiedene Tierarten	5
只有	zhǐyǒu	*(Adv)*	nur	14
支	zhī	*(ZEW)*	ZEW für Stifte	14
中国	Zhōngguó	*(EN)*	China	3
中国人	Zhōngguó rén	*(S)*	Chinese/Chinesin	3
中午	zhōngwǔ	*(S, Adv)*	Mittag, mittags	7
祝	zhù	*(V)*	wünschen	4
住	zhù	*(V)*	(be-)wohnen	10
准备	zhǔnbèi	*(V)*	vorhaben, vorbereiten	8
桌子	zhuōzi	*(S)*	Tisch	14
主意	zhǔyi	*(S)*	Idee	13
字典	zìdiǎn	*(S)*	Wörterbuch	14
自行车	zìxíngchē	*(S)*	Fahrrad	8
足球	zúqiú	*(S)*	Fußball	6
最	zuì	*(Adv)*	am meisten, äußerst, maximal (Superlativ)	9
昨天	zuótiān	*(S)*	gestern	4
坐	zuò	*(V)*	sitzen	8

Anhang III

Chinesisch-Deutsch Vokabelliste

译文 Übersetzung	汉字 Schriftzeichen	拼音 Lautschrift	词性 Wortart	课号 Lektion
A				
Abend, abends	晚上	wǎnshang	*(S, Adv)*	7
aber	可是	kěshì	*(K)*	9
aber, bloß, nur	不过	búguò	*(Adv)*	15
abholen	接	jiē	*(V)*	8
acht	八	bā	*(ZW)*	2
ältere Schwester	姐姐	jiějie	*(S)*	5
älterer Bruder	哥哥	gēge	*(S)*	5
am meisten, äußerst, maximal (Superlativ)	最	zuì	*(Adv)*	9
andere	另	lìng	*(S)*	15
ankommen, erreichen	到	dào	*(V)*	8
(an)probieren, versuchen	试	shì	*(V)*	12
(angenehm) kühl	凉快	liángkuài	*(S)*	15
Apfel	苹果	píngguǒ	*(S)*	12
Arbeit	工作	gōngzuò	*(S)*	10
Arzt/Ärztin	医生	yīshēng	*(S)*	5
Attributartikel	的	de	*(Sfx)*	3
auch, ebenfalls	也	yě	*(Adv)*	3
Auf Wiedersehen	再见	zàijiàn	*(V)*	1
aufstehen	起床	qǐchuáng	*(V)*	7
Auto fahren	开车	kāichē	*(V+S)*	8
Auto, PKW	汽车	qìchē	*(S)*	13

B

Bahnhof	火车站	huǒchēzhàn	*(S)*	8
Basketball	篮球	lánqiú	*(S)*	6
(be-)wohnen	住	zhù	*(V)*	10
Becher	杯	bēi	*(ZEW)*	11
Bedeutung, Sinn	意思	yìsi	*(S)*	15
Beethoven	贝多芬	Bèiduōfēn	*(EN)*	10
beide, alle	都	dōu	*(Adv)*	5
Beijing (Peking)	北京	Běijīng	*(EN)*	10
Bekleidung	衣服	yīfu	*(S)*	12
benutzen, verwenden	用	yòng	*(V)*	14
Bergregion	山区	shānqū	*(S)*	15
Berlin	柏林	Bólín	*(EN)*	15
besichtigen, anschauen	参观	cānguān	*(V)*	15
Besonderheit, Eigenart	特点	tèdiǎn	*(S)*	11
bestimmt	一定	yídìng	*(Adv)*	13
Bezirk, Zone	区	qū	*(S)*	10
billig	便宜	piányi	*(Adj)*	12
bitten	请	qǐng	*(V)*	7
blau	蓝色	lánsè	*(S)*	13
Bleistift	铅笔	qiānbǐ	*(S)*	14
Blume	花	huā	*(S)*	13
Buch	书	shū	*(S)*	6
Büro	办公室	bàngōngshì	*(S)*	10

C

China	中国	Zhōngguó	*(EN)*	3
Chinese	中国人	Zhōngguó rén	*(S)*	3
Chinesisch	汉语	Hànyǔ	*(EN)*	3

Coca Cola	可口可乐	kěkǒukělè	*(S)*	11
Computer	电脑	diànnǎo	*(S)*	14
cool	酷	kù	*(Adj)*	13

D

Dame, Frau	女士	nǚshì	*(S)*	1
danke	谢谢	xièxie	*(V)*	7
dann, also	那	nà	*(Adv)*	10
der …te (Monatstag), Nummer	号	hào	*(S)*	4
Deutschland	德国	Déguó	*(EN)*	3
die Große Mauer, die Chinesische Mauer	长城	Chángchéng	*(EN)*	15
„Die Flucht von Karibik“ (Filmtitel)	《加勒比海盗》	„Jiālèbǐ hǎidào“	*(EN)*	8
die Schweiz	瑞士	Ruìshì	*(EN)*	15
die Verbotene Stadt, Kaiserpalast in Beijing	故宫	Gùgōng	*(EN)*	15
dient zur adverbialen Bestimmung eines Verbs	得	de	*(PA)*	15
dies, das	这	zhè	*(DPr)*	12
dieses Jahr, heuer	今年	jīnnián	*(S)*	2
Donau	多瑙	Duōnǎo	*(EN)*	8
drei	三	sān	*(ZW)*	2
du, dich	你	nǐ	*(PPr)*	1

E

eben, genau	就是	jiù shì	*(Adv)*	11
eben, genau, sofort, dann, nur	就	jiù	*(Adv)*	10
ein bisschen, etwas	（一）点儿	(yì) diǎnr	*(Adv)*	8
ein paar, einige, manche	一些	yì xiē	*(S)*	15
eins	一	yī	*(ZW)*	2
Englisch	英语	Yīngyǔ	*(EN)*	3

Entschuldigung! Verzeihung!	对不起	duìbuqǐ		12
er	他	tā	*(PPr)*	2
erfreut, gut gelaunt	高兴	gāoxìng	*(Adj)*	1
erneut, wieder	又	yòu	*(Adv)*	11
es	它	tā	*(PPr)*	6
essen	吃	chī	*(V)*	11
Essen, Mahlzeit	饭	fàn	*(S)*	11
Europa	欧洲	Ōuzhōu	*(EN)*	15
F				
Fahrrad	自行车	zìxíngchē	*(S)*	8
Familie, Haus	家	jiā	*(S)*	5
Farbe	颜色	yánsè	*(S)*	13
Federpenal	文具盒	wénjùhé	*(S)*	14
Ferien, Ferienzeit	假期	jiàqī	*(S)*	15
Fernseher	电视	diànshì	*(S)*	6
Film	电影	diànyǐng	*(S)*	8
finden, glauben	觉得	juéde	*(V)*	13
Flasche	瓶	píng	*(ZEW)*	11
Flughafen	机场	jīchǎng	*(S)*	8
fragen	问	wèn	*(V)*	7
Fragesatz-Partikel	吗	ma	*(Pa)*	3
Freund / Freundin	朋友	péngyou	*(S)*	3
froh, fröhlich	愉快	yúkuài	*(S)*	15
fröhlich, glücklich, vergnügt	快乐	kuàilè	*(Adj)*	4
Frühling	春天	chūntiān	*(S)*	9
Füller	钢笔	gāngbǐ	*(S)*	14
fünf	五	wǔ	*(ZEW)*	2
für, zu Gunsten	给	gěi	*(Pr)*	10

fürchten	怕	pà	(V)	15
Fußball	足球	zúqiú	(S)	6

G

geben	给	gěi	(V)	12
Geburtstag	生日	shēngrì	(S)	4
gedämpfte Teigtasche (aus Hefeteig)	包子	bāozi	(S)	11
gefüllte Teigtasche (gekocht oder gebraten)	饺子	jiǎozi	(S)	11
gelb	黄色	huángsè	(S)	12
Geld	钱	qián	(S)	12
gerade	正在	zhèngzài	(Adv)	6
gerade, eben	刚	gāng	(Adv)	10
gestern	昨天	zuótiān	(S)	4
Getränk	饮料	yǐnliào	(S)	11
Grad, ZEW für Temperatur	度	dù	(ZEW)	9
grün	绿	lǜ	(Adj)	11
grün	绿色	lǜsè	(S)	12
guten Tag	你好	nǐ hǎo		1
guten Tag (höfliche Form)	您好	nín hǎo		1

H

haben	有	yǒu	(V)	5
haben kein-	没有	méiyǒu	(V)	5
halb	半	bàn	(ZW)	7
heiß	热	rè	(Adj)	9
heißen, rufen	叫	jiào	(V)	1
heiter	晴天	qíngtiān	(S)	13
Herbst	秋天	qiūtiān	(S)	9
Herr	先生	xiānsheng	(S)	1

heute	今天	jīntiān	*(S)*	4
hinfallen	摔倒	shuāi dǎo	*(V)*	9
hingehen	去	qù	*(V)*	8
Hinterseite	后面	hòumian	*(S)*	12
hören	听	tīng	*(V)*	6
Hotel-Restaurant	酒店	jiǔdiàn	*(S)*	10
hübsch	漂亮	piàoliang	*(Adj)*	12
Hund	狗	gǒu	*(S)*	5
hundert	百	bǎi	*(ZW)*	2
I				
ich	我	wǒ	*(PPr)*	1
Idee	主意	zhǔyi	*(S)*	13
ihr	你们	nǐmen	*(S)*	1
innen	里	lǐ	*(S)*	14
insgesamt, alles zusammen	一共	yígòng	*(Adv)*	12
interessant, unterhaltsam	有趣	yǒuqù	*(Adj)*	9
Interjektion für Überraschung	呀	ya	*(Ij)*	15
Italien	意大利	Yìdàlì	*(EN)*	15
J				
Jahre (alt)	岁	suì	*(ZEW)*	2
jenes	那	nà	*(Pr)*	10
jetzt	现在	xiànzài	*(Adj)*	7
j-n kennen(lernen)	认识	rènshi	*(V)*	1
jüngere Schwester	妹妹	mèimei	*(S)*	5
jüngerer Bruder	弟弟	dìdi	*(S)*	5
K				
kalt	冷	lěng	*(Adj)*	9
Katze	猫	māo	*(S)*	6

kaufen	买	mǎi	*(v)*	8
Keine Ursache	不客气	bú kèqi		7
keine Ursache	没关系	méiguānxi		12
Kilogramm	公斤	gōngjīn	*(S)*	12
Kino	电影院	diànyǐngyuàn	*(S)*	8
klar, heiter	晴	qíng	*(Adj)*	9
Klasse	班	bān	*(S)*	14
Klassenzimmer	教室	jiàoshì	*(S)*	10
klettern	爬	pá	*(V)*	15
kommen	来	lái	*(V)*	7
können	会	huì	*(V, MV)*	9
können	能	néng	*(MV)*	13
Kugelschreiber	圆珠笔	yuánzhūbǐ	*(S)*	14
Küste	海边	hǎibiān	*(S)*	15

L

Laden, Geschäft	商店	shāngdiàn	*(S)*	8
laufen	跑	pǎo	*(V)*	7
Lehrer/Lehrerin	老师	lǎoshī	*(S)*	1
lernen	学	xué	*(V)*	3
lesen	读	dú	*(V)*	6
lieb, nett	可爱	kě'ài	*(Adj)*	6
lieben, gerne haben	爱	ài	*(V)*	5
Lied	歌	gē	*(S)*	6
Lineal	尺子	chǐzi	*(S)*	14
(Luft)Temperatur	气温	qìwēn	*(S)*	9

M

manche, einige	有些	yǒuxiē	*(S)*	15
Meer	大海	dàhǎi	*(S)*	15

mein	我的	wǒ de	(PPr)	3
Mensch, Person	人	rén	(S)	5
Michael Jackson	麦克·杰克逊	Màikè Jiékèxùn	(EN)	6
Mineralwasser	矿泉水	kuàngquánshuǐ	(S)	11
Minute	分	fēn	(S)	7
mitbringen, mitnehmen, bei sich haben	带	dài	(V)	9
Mitschüler/Mitschülerin	同学	tóngxué	(S)	3
Mittag, mittags	中午	zhōngwǔ	(S, Adv)	7
Modalpartikel für einen Vorschlag, oder eine Bitte um Zustimmung	吧	ba	(Pa)	9
mögen	喜欢	xǐhuan	(V)	3
möglich	可以	kěyǐ	(Adv)	13
Monat	月	yuè	(S)	4
morgen	明天	míngtiān	(S)	4
Morgen, morgens	早上	zǎoshang	(S)	1
Musik	音乐	yīnyuè	(S)	6
Mutter	妈妈	māma	(S)	5
N				
nach Hause gehen	回家	huíjiā	(V+S)	7
Name	名字	míngzi	(S)	2
nein, nicht	不	bù	(Adv)	3
neun	九	jiǔ	(ZW)	2
nieder, niedrig	低	dī	(Adj)	9
nirgendwo	哪儿也不	nǎr yě bù		15
noch	还	hái	(Adv)	5
Nordeuropa	北欧	Běi'ōu	(EN)	15
Nudeln	面条	miàntiáo	(S)	11

null	零	líng	*(ZW)*	4
Nummer	号码	hàomǎ	*(S)*	10
nur	只有	zhǐyǒu	*(Adv)*	14

O

oben	上面	shàngmian	*(S)*	14
Obst	水果	shuǐguǒ	*(S)*	8
oft, häufig, meistens	常常	chángcháng	*(Adv)*	9
Oma, Großmutter	奶奶	nǎinai	*(S)*	5
Opa, Großvater	爷爷	yéye	*(S)*	5
Österreich	奥地利	Àodìlì	*(EN)*	3
Österreicher	奥地利人	Àodìlì rén	*(S)*	3

P

Park	公园	gōngyuán	*(S)*	13
Pluralsuffix	们	men	*(Sfx)*	1
Portion	份	fèn	*(ZEW)*	11
Präfix für Ordinalzahl	第	dì	*(Pr)*	10
Preis	价钱	jiànqián	*(S)*	12

R

Radiergummi	橡皮	xiàngpí	*(S)*	14
Regenmantel	雨衣	yǔyī	*(S)*	9
regnen	下雨	xià yǔ	*(V)*	9
Reis	米饭	mǐfàn	*(S)*	11
reisen	旅游	lǚyóu	*(V)*	15
reiten	骑	qí	*(V)*	8
rosa	粉	fěn	*(Adj)*	13
rot	红	hóng	*(Adj)*	11

S

Saft	果汁	guǒzhī	*(S)*	11

Satzpartikel	呢	ne	*(Pa)*	3
scharf, pikant	辣	là	*(Adj)*	11
scharfer Tofu-Eintopf	麻婆豆腐	Mápó dòufu	*(EN)*	11
schenken	送	sòng	*(V)*	13
schenken, jn. begleiten	送	sòng	*(V)*	10
schlafen	睡觉	shuìjiào	*(V)*	6
schlecht	错	cuò	*(Adj)*	8
schnell	快	kuài	*(Adv)*	7
schon	已经	yǐjīng	*(Adv)*	7
schön, hübsch	美	měi	*(Adj)*	9
Schönbrunn	美泉宫	Měiquángōng	*(EN)*	13
schöne Landschaft	风光	fēngguāng	*(S)*	15
(Schriftzeichen) schreiben	写字	xiězì	*(V+S)*	3
Schule	学校	xuéxiào	*(S)*	8
Schüler/Schülerin	学生	xuésheng	*(S)*	3
Schulschluss haben	放学	fàngxué	*(V)*	14
Schultasche	书包	shūbāo	*(S)*	14
Schwarz	黑色	hēisè	*(S)*	13
sechs	六	liù	*(ZW)*	2
sehen	看	kàn	*(V)*	6
sehr	很	hěn	*(Adv)*	1
sehr	太	tài	*(Adv)*	6
Seidenschal	丝巾	sījīn	*(S)*	13
sein (bin/bist/ist/sind/seid)	是	shì	*(V)*	1
selbstverständlich, klar	当然	dāngrán	*(Adv)*	9
sich befinden	在	zài	*(V)*	8
Sichuan	四川	Sìchuān	*(S)*	11
sie	她	tā	*(PPr)*	2

Sie, höfliche Anrede (Sgl)	您	nín	*(PPr)*	1
sieben	七	qī	*(ZW)*	2
singen	唱	chàng	*(V)*	6
sitzen	坐	zuò	*(V)*	8
Ski laufen	滑雪	huáxuě	*(V)*	9
Sommer	夏天	xiàtiān	*(S)*	9
Sommercamp	夏令营	xiàlìngyíng	*(S)*	15
spielen, schlagen	打	dǎ	*(V)*	6
spielen, sich vergnügen, sich amüsieren	玩儿	wánr	*(V)*	15
spielen, treten	踢	tī	*(V)*	6
Sport	运动	yùndòng	*(S)*	6
Stadt	城市	chéngshì	*(S)*	15
Stift	笔	bǐ	*(S)*	14
Stock	层	céng	*(S)*	10
Straße, Gasse	街	jiē	*(S)*	10
Stuhl, Sessel	椅子	yǐzi	*(S)*	14
suchen	找	zhǎo	*(V)*	10
Supermarkt	超市	chāoshì	*(S)*	12

T

Tag	日	rì	*(S)*	4
taub, Geschmack des chin. Blütenpfeffers	麻	má	*(Adj)*	11
tausend	千	qiān	*(ZW)*	4
Tee	茶	chá	*(S)*	11
teilnehmen	参加	cānjiā	*(V)*	15
Telefon	电话	diànhuà	*(S)*	10
Tisch	桌子	zhuōzi	*(S)*	14
trinken	喝	hē	*(V)*	11

Tür	门	mén	*(S)*	8

U

U-Bahn	地铁	dìtiě	*(S)*	8
Übungsheft	练习本	liànxíběn	*(S)*	14
und	和	hé	*(K)*	5
Universität	大学	dàxué	*(S)*	10
unten	下面	xiàmian	*(Adv)*	14
Unterricht aus haben	下课	xiàkè	*(V+S)*	7
Unterricht haben	上课	shàngkè	*(V+S)*	4
Urlaub machen	度假	dùjià	*(V)*	15

V

Vater	爸爸	bàba	*(S)*	5
verbringen	过	guò	*(V)*	13
(viel) zu, sehr	太	tài	*(Adv)*	9
vier	四	sì	*(ZW)*	2
Viertelstunde	刻	kè	*(S)*	7
Volleyball	排球	páiqiú	*(S)*	6
vom Hören sagen	听说	tīngshuō	*(V)*	8
vor	前	qián	*(Präp)*	8
vor (bei Zeitangaben)	差	chà	*(Adv)*	7
vorhaben, sich vornehmen	打算	dǎsuàn	*(V)*	15
vorhaben, vorbereiten	准备	zhǔnbèi	*(V)*	8
Vorhersage	预报	yùbào	*(S)*	13
Vormittag, vormittags	上午	shàngwǔ	*(S, Adv)*	7
vorne, Vorderseite	前面	qiánmian	*(S)*	10

W

Währungseinheit	元	yuán	*(ZEW)*	12

Währungseinheit; ZEW für flache, würfel- oder quaderförmige Gegenstände	块	kuài	*(ZEW)*	
was, was für	什么	shénme	*(FPr)*	2
weiß	白	bái	*(Adj)*	6
wer	谁	shuí/shéi	*(FPr)*	3
Wetter	天气	tiānqì	*(S)*	9
wie alt	多大	duō dà	*(FPr)*	2
wie viel	多少	duōshao	*(FPr)*	12
wie viel Uhr?	几点	jǐ diǎn		7
wie viele	几	jǐ	*(FPr)*	4
wie. Wird auch als Frage nach dem Befinden verwendet	怎么样	zěnmeyàng	*(FPr)*	9
Wien	维也纳	Wéiyěnà	*(EN)*	8
Wind wehen	刮风	guāfēng	*(V)*	9
Winter	冬天	dōngtiān	*(S)*	9
wo	哪儿	nǎr	*(FPr)*	8
Woche	星期	xīngqī	*(S)*	4
wollen, erfordern	要	yào	*(V)*	11
wollen, wünschen	想	xiǎng	*(MV)*	11
Wörterbuch	字典	zìdiǎn	*(S)*	14
wünschen	祝	zhù	*(V)*	4

Z

zehn	十	shí	*(ZW)*	2
Zeit	时间	shíjiān	*(S)*	7
Zeit(raum)	时候	shíhòu	*(S)*	7
Zeitschrift	杂志	zázhì	*(S)*	14
ZEW für Bündel, Gegenstände mit Griff…	把	bǎ	*(ZEW)*	14
ZEW für dünne, flache Gegenstände	张	zhāng	*(ZEW)*	14

ZEW für Fahrzeuge	辆	liàng	*(ZEW)*	13
ZEW für Familienmitglieder	口	kǒu	*(ZEW)*	5
ZEW für flache, würfel- oder quaderförmige Gegenstände	块	kuài	*(ZEW)*	12
ZEW für Geld, entspricht 0,1 Yuan	毛	máo	*(S)*	12
ZEW für Kleidungsstücke	件	jiàn	*(ZEW)*	12
ZEW für Maschine	台	tái	*(ZEW)*	14
ZEW für Ortswechsel	趟	tàng	*(ZEW)*	15
ZEW für Stifte	支	zhī	*(ZEW)*	14
ZEW für Stockwerke oder Schichten	层	céng	*(ZEW)*	10
ZEW für verschiedene Tierarten	只	zhī	*(ZEW)*	5
Zimmer, Raum	房间	fángjiān	*(S)*	10
Zug	火车	huǒchē	*(S)*	8
zum Beispiel	比如	bǐrú	*(K)*	15
zur Unterricht gehen	上课	shàngkè	*(V+S)*	7
zusammen	一起	yìqǐ	*(Adv)*	8
zwei	二	èr	*(ZW)*	2
zwei	两	liǎng	*(ZW)*	4

Anhang IV

Abkürazungsverzeichnis

Adj	Adjektiv	形容词	PPr	Personalpronomen	人称代词
Adv	Adverb	副词	Pr	Pronomen	代词
DPr	Demonstrativpronomen	指示代词	Präp	Präposition	介词
EN	Eigenname	专用名词	Px	Präfix	前缀
FPr	Fragepronomen	疑问代词	S	Substantiv	名词
K	Konjunktion	连词	Sfx	Suffix	后缀
MV	Modalverb	情态助动词	V	Verb	动词
ZW	Zahlwort	数词	ZEW	Zähleinheitswort	量词
Pa	Partikel	助词			